AGIR ET PENSER COMME UN CHAT

Stéphane Garnier

AGIR ET PENSER COMME UN CHAT

libre, calme, curieux,
observateur, confiant, tenace,
prudent, élégant, silencieux,
charismatique, fier,
indépendant…

Direction éditoriale : Stéphane Chabenat
Éditrices : Clotilde Alaguillaume, Pauline Labbé
Conception graphique et mise en pages : Florence Cailly, Pinkart ltd
Conception couverture : MaGwen
Illustrations : © Shutterstock, Victoria Arbuzova / Sébastien Hardy

Les Éditions de l'Opportun
16 rue Dupetit-Thouars
75003 Paris
www.editionsopportun.com

*À Ziggy,
mon chat.*

PRÉFACE

Certains jours, on n'a pas envie d'aller travailler, de s'informer, de prendre à cœur les catastrophes de ce monde, de se faire du souci pour son avenir… On n'a pas envie d'avoir une opinion sur les dernières réformes politiques qui font grincer des dents, pas plus qu'on a envie de s'angoisser pour sa carrière professionnelle, ni de savoir si, d'ici quelques années, on touchera une retraite…

On n'a pas envie d'être sans arrêt tiraillé par ses problèmes personnels, eux-mêmes connectés à ceux de ses proches, pas envie de culpabiliser lorsque l'on se fait couler un bain au « détriment » de la planète, pas envie d'avoir mauvaise conscience sur la qualité de son régime alimentaire…

On a juste envie de débrancher, de se déconnecter de tout cela pour une journée, juste l'espace d'un instant… respirer.

Je me retourne à l'instant, Ziggy, mon chat, vient d'entrer dans le bureau sans un bruit. Il me regarde en clignant des yeux, saute sur la table de travail, et s'allonge sur le clavier. Petit rituel que nous avons depuis des années, lorsque j'écrivais encore sur des cahiers et qu'il ne cessait de mordre le capuchon de mon stylo. Ça me fait rire, c'est un jeu entre nous. Il agit comme si, d'un côté, il adorait que j'écrive mais que, de l'autre, il faisait tout pour m'en empêcher.

Jusqu'ici, au-delà de ses coups de pattes douces, de ses allers-retours entre mes genoux et le clavier, je ne voyais dans ce manège rien d'autre que câlins et jeux…

Peut-être avait-il autre chose à me dire depuis toutes ces années, peut-être simplement : « Hé ! Tu ne voudrais pas débrayer un peu pour la journée ? »

Débrayer… À cet instant, alors qu'il frotte son nez dans mon cou, pas envie… Pas envie aujourd'hui de savoir si je pourrai boucler mes factures, ni de me soucier du prochain krach boursier…

Lui, s'en préoccupe-t-il ?

C'est bien là peut-être le secret qu'il voulait me transmettre depuis si longtemps : savoir lâcher prise, me consacrer à l'essentiel, penser à mon bien-être, faire comme lui… Vivre comme un chat !

À l'évidence, le chat vit beaucoup mieux que nous ! Pourquoi ne pas prendre exemple sur lui ? Ce que j'entrepris en décryptant son fonctionnement, ses aspirations, son mode de vie.

Tout était là, devant moi, sans que je m'en sois rendu vraiment compte depuis toutes ces années.

Dans notre vie personnelle comme professionnelle, nous avons tout à apprendre du chat !

C'est ce que je vous invite à découvrir dans cet ouvrage, pour prendre un peu de recul sur votre quotidien et retrouver bien-être et sourire.

En quoi a-t-il raison ? En quoi devons-nous nous inspirer de lui ?

Dès aujourd'hui, pour envisager une autre façon de voir la vie, pensez et agissez comme un chat !

NOS AMIS LES CHATS…

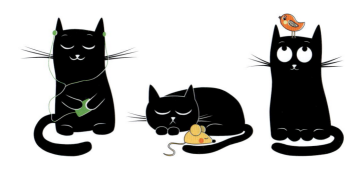

« Au commencement, Dieu créa l'Homme,
mais le voyant si faible, il lui donna le chat. »
WARREN ECKSTEIN

« Les chats de gouttière même
les plus loqueteux sont toujours nobles.
Ils n'ont rien à prétendre.
Ils sont chats… et tout est dit. »
FRÉDÉRIC VITOUX

Les chats nous fascinent depuis la nuit des temps. À les observer, à tenter de les comprendre, il y a dans leurs forces, leurs attitudes, leurs qualités, leurs habitudes, leurs petites manies, une sorte de magie dans leur capacité à vivre sereinement et à être heureux.

Autant d'atouts que possèdent naturellement les chats que nous pouvons certainement utiliser dans notre quotidien, notre vie personnelle et professionnelle.

Ils appliquent une philosophie de vie qui peut paraître se résumer à quelques mots : manger, jouer, dormir, se préoccuper de leur confort, et ne faire que ce qui leur plaît. Ce qui est déjà beaucoup par rapport à nous ! Mais pas seulement, comme vous le découvrirez.

Une hygiène de vie qui leur permet de vivre sans stress, car les chats n'ont qu'une seule priorité : leur bien-être !

À travers eux, en nous rapprochant en partie de leur fonctionnement, nous pouvons nous ouvrir sur une autre perspective, une autre vision du monde, ainsi que sur une compréhension différente et plus épanouie de nous-même.

À présent, bienvenue dans l'œil du chat, dans ses pensées et dans sa philosophie, pour nous permettre d'apprécier la vie comme lui !

LE CHAT EST LIBRE

« *Au plus profond de nous, nous sommes tous motivés par les mêmes urgences. Les chats ont le courage de vivre sans s'en préoccuper.* »
JIM DAVIS

Liberté, liberté chérie ! Qui n'en rêve pas comme moteur de chaque instant au cœur de sa vie !

Libre d'aller et venir, libre de faire seulement ce qui vous fait plaisir, libre de vos actions, de vos envies, de vos caprices, libre dans votre tête comme dans vos mouvements ! Libre !

Paradoxalement, nous avons tous une forte propension à cumuler les entraves et, souvent, à nous-même nous enchaîner, que ce soit à des emprunts bancaires qui nous obligent à travailler toujours plus, à des objets futiles mais si précieux à nos yeux, à des habitudes devenues des obligations que l'on ne voit même plus, à des personnes toxiques que l'on se force à supporter encore… Peut-être est-il temps de faire un grand coup de balai dans votre vie…

Pourquoi ne pas essayer de ne conserver que ce que vous aimez, de ne préserver que les relations qui vous plaisent, de ne pratiquer que les activités et les métiers qui vous passionnent ?

N'en faire qu'à votre tête, ne suivre que vos envies… Un doux rêve pensez-vous peut-être… Pas pour le chat, qui lui a décidé d'être libre, libre d'avoir, libre d'être, libre de vivre comme bon lui semble à chaque instant de sa vie.

C'est une constante chez le chat, plus qu'une seconde nature, il s'agit du cœur même de sa vie : être libre. Le reste lui importe peu au final, quand souvent, dans nos vies, nous avons relégué cet idéal à éventuellement pouvoir poser nos congés quand cela est possible… selon le planning.

**VOUS VOULEZ VIVRE COMME UN CHAT ?
SOYEZ LIBRE COMME L'AIR !
ET NE FAITES QUE CE QUE VOUS AVEZ CHOISI !**

LA JOURNÉE DU CHAT

🐾 Suivez-le pas à pas et calquez-vous sur son quotidien, vous n'en vivrez que mieux !

7 H 30 : LE RÉVEIL SONNE.

🐾 Le cerveau embrumé, comme pour beaucoup, le réveil, ce n'est pas toujours facile… Petite remise en forme ! Observez le chat, que fait-il ?

🐾 Il ne saute pas de son panier comme un diable sort de sa boîte, c'est mauvais pour le corps et l'humeur. Il se détend, il s'étire, il ouvre les yeux doucement, et il prend le temps qu'il lui faut pour se réveiller.

🐾 Étirez-vous, bâillez… Rien ne sert de vous bousculer. Le chat s'étire alors qu'il est encore allongé, puis se lève, fait le gros dos pour à nouveau s'étirer, et bâille à s'en décrocher les canines, puis se rassied en clignant des yeux.

🐾 J'ai essayé. Je me suis mis à l'imiter. En effet, c'est beaucoup plus agréable que de faire un bond, digne d'une crêpe que l'on retourne, dans son lit, avant de déambuler jusqu'à la machine à café en traînant les pieds.

🐾 Ce phénomène courant chez la plupart des animaux s'appelle la pandiculation, un automatisme que nous, hommes, avons trop souvent tendance à oublier pour un bon réveil et entamer une bonne journée !

LE CHAT EST CHARISMATIQUE

« *Avec les qualités de propreté, d'affection,
de patience, de dignité et de courage que possèdent
les chats, combien d'entre nous,
je vous le demande,
pourraient devenir des chats ?* »
Fernand Mery

Le chat n'a pas besoin de miauler, de sauter de partout ou d'en faire des tonnes pour sortir du lot. On sent sa présence dès l'instant où il entre dans une pièce. Sans avoir besoin de s'agiter, son charisme à lui seul lui garantit d'être remarqué par l'assemblée.

Sa discrétion et sa personnalité nous obligent à tourner la tête dans sa direction, à chaque fois qu'il se promène dans le salon. La classe, la très grande classe en fait ! Qui ne rêve pas de posséder un tel magnétisme ?

Que fait-il pour dégager autant de vibrations positives, autant d'admiration autour de lui ?

Rien. IL EST.

Voilà la grande leçon à tirer du chat, pour acquérir un peu plus d'animalité, de charisme : il faut être !

Ne pas se cacher, ne pas se mentir derrière des faux-semblants, ne pas endosser un rôle, ne pas s'agiter en tous sens en faisant de grands moulinets avec les bras, pour tenter d'hypnotiser l'assemblée présente… Ne rien faire, simplement.

Irradiez votre personnalité comme si vous étiez un émetteur, une source de lumière. Ne vous étalez pas plus que nécessaire dans une discussion, ne monopolisez pas la parole pour vous faire mousser, vous ne ferez qu'ennuyer votre auditoire. Car inconsciemment, ils ressentiront qu'à travers ces longs monologues, c'est avant tout vous-même, que vous tentez de convaincre ou de rassurer.

Ce n'est pas cela avoir du charisme, c'est juste être omniprésent, envahissant… Jusqu'à en devenir presque pesant !

N'avez-vous jamais remarqué que les personnes les plus charismatiques, comme les acteurs de cinéma dont on dit qu'ils « crèvent l'écran », n'en font jamais des montagnes dans leur jeu. Ils restent sobres dans leur propos, dans leur tenue également.

Les personnes les plus charismatiques ne sont pas les plus extravagantes, elles sont présentes, mais développent toujours une certaine retenue.

Le charisme se développe au fur et à mesure que l'on est honnête avec soi-même, avec les autres, que l'on s'accepte tel qu'on est, sans jouer d'artifices qui ne correspondent pas à notre personnalité profonde.

Cette personnalité attrayante à plus d'un titre, chacun d'entre nous peut la développer, à condition, comme le chat, d'être simplement nous-même en toutes circonstances.

POUR IRRADIER L'ESPACE DE VOTRE PRÉSENCE, DE VOTRE CHARISME : SOYEZ SINCÈRE, SOYEZ DISCRET, SOYEZ SIMPLE, SOYEZ VRAI !

LE CHAT EST CALME
(LA PLUPART DU TEMPS)

« *L'idée du calme est dans un chat assis.* »
RENÉ CHAR

Le stress, ce grand fléau de nos sociétés. Comment le combattre ? Comment le canaliser ?

Beaucoup de disciplines, de techniques de détente se sont développées ces dernières décennies. Ce qui n'est pas un très bon signe, car cela signifie que nous sommes de plus en plus stressés, et de plus en plus nombreux à être stressés.

Sans arrêt sur les nerfs, sans arrêt sur la brèche, les insomnies se cumulent à la nervosité, à l'anxiété, pour déteindre parfois sur le corps et se transformer en hypertension, jusqu'au burn-out qui vient de voir le jour ces dernières années.

Faut-il que nous vivions mal, très mal pour en arriver parfois à de telles extrémités.

Ce constat effectué, comment changer ? Observons le chat : la plupart du temps, paraît-il stressé ? En de rares moments.

Il respire le calme et la tranquillité. Sagement posé, les muscles détendus, il ne présente aucun signe physique d'agitation et son regard n'est le reflet d'aucune tension.

Ce qu'on appelle stress parfois chez le chat n'est en fait qu'un pic de vigilance. Il est alors aux aguets d'un danger potentiel, d'un événement venu perturber le continuum calme et reposant de son quotidien. Ses oreilles se dressent, son regard se fixe, il observe, il attend. Mais une fois la cause de son inquiétude identifiée, il retourne à son calme et repose sa tête en quelques secondes.

Le chat ne cultive pas de stress a posteriori d'une situation. Une fois le danger cerné, évité ou écarté, et le calme de son environnement revenu, on a l'impression qu'il s'en détache, et qu'il s'en décharge complètement intellectuellement, comme si l'événement ne s'était jamais produit. C'est peut-être là sa grande force, une des clefs de son calme impérial.

Au-delà de sa vie contemplative, le chat s'est organisé une vie cadrée, supportant mal les grands changements au jour le jour, car il s'agit d'une vie de confort et de bien-être qu'il s'est construite et que rien ne doit venir perturber.

Ses rares moments de stress proviennent d'une altération de ce bien-être : d'une situation qu'il se doit de résoudre rapidement en faisant fuir un intrus, en montrant avec force et ténacité que le changement de ses croquettes pour d'autres bon marché n'est pas du tout à son goût, ou en signifiant que l'absence longue et répétée de son maître ne correspond pas à ses besoins d'attention et d'amour.

POUR ENTRETENIR VOTRE CALME ET VOTRE PAIX INTÉRIEURE, COMME LE CHAT : IDENTIFIEZ LA SOURCE DE VOTRE STRESS, RÉSOLVEZ LE PROBLÈME UNE FOIS POUR TOUTES, ALLEZ JUSQU'AU BOUT SANS RELÂCHE ET DÉTACHEZ-VOUS-EN DÉFINITIVEMENT. ON NE RUMINE PAS, ON NE RESSASSE PAS, ON S'EN DÉCHARGE À JAMAIS ET LE CALME REVIENT, ET VOTRE BIEN-ÊTRE AVEC.

Autre phénomène observé chez le chat, dont les vétérinaires parlent également : si parfois les chats sont stressés de manière régulière et continue, c'est souvent vers le maître qu'il faut se tourner !

Les chats sont des éponges, ils ressentent tout, ils absorbent les humeurs, mais ne peuvent parfois, à un certain niveau de tension, de bruits, de cris, tout encaisser pour le digérer dans leur calme absolu.

Si son bien-être est en jeu et qu'il en a la possibilité, le chat pourra aller jusqu'à quitter la maison si « l'ambiance » devient insupportable. Mais à qui la faute ? Si partir est la condition de sa tranquillité, il le fera… Dont acte !

LE CHAT SAIT S'IMPOSER

« *Le chat semble mettre un point d'honneur à ne servir à rien, ce qui ne l'empêche pas de revendiquer au foyer une place meilleure que celle du chien.* »
Michel Tournier

Souvent par timidité ou par manque de confiance en soi, beaucoup d'entre nous ont du mal à s'affirmer devant « les autres ». On s'efface, on se tait, on n'ose pas dire à quel point « les autres » nous semblent intellectuellement supérieurs, ou tout du moins suffisamment sûrs d'eux pour écraser l'assemblée de leur présence, de leur savoir... de leur bêtise souvent à bien les écouter !

Qui sont « les autres » ? C'est vous, c'est moi, nous sommes tous « les autres » de quelqu'un. Si « les autres » prennent plus de place que vous, c'est parce que vous la leur avez laissée. C'est comme dans une maison : plus on a de placards, plus on s'étale !

« Les autres » envahissent votre espace jusqu'à parfois commencer à vous marcher sur les pieds, avant de vous marcher dessus ? Pensez au chat !

Essayez de marcher sur la patte d'un chat, juste pour voir sa réaction ! Vous allez l'entendre et peut-être le sentir quand il vous aura planté ses griffes dans le mollet !

Arrêtez de vous faire marcher dessus ! « Les autres » n'ont aucune légitimité à s'imposer de cette façon. Ils n'ont que l'espace que vous leur octroyez, ils n'ont que votre niveau d'acceptation, de « tolérance », pour, après vous avoir broyé le pied, continuer par vous marcher sur la tête, avant de vous l'enfoncer sous l'eau !

Il y a une vraie différence entre avoir du charisme et une forte personnalité comme le chat, et utiliser des faire-valoir à écraser pour s'imposer.

Le chat prend l'espace qui lui est dû sans pour autant écraser son prochain, mais ne tolère pas qu'on vienne empiéter sur cette place. Il s'impose ainsi, sereinement, il ne joue pas les tyrans, mais n'accepte pas un rôle de figurant !

SACHEZ VOUS IMPOSER CALMEMENT, ET DÉFENDEZ VOTRE PLACE À LA PREMIÈRE TENTATIVE D'INGÉRENCE ! VOUS MÉRITEZ MIEUX QUE DE JOUER LES FIGURANTS !

À MÉDITER…

**« ET QUAND
JE VOIS PASSER UN CHAT
JE DIS : IL EN SAIT
LONG SUR L'HOMME. »**

Jules Supervielle

LE CHAT EST UN VIEUX SAGE

*« J'ai beaucoup étudié les philosophes et les chats.
La sagesse des chats est infiniment supérieure. »*
Hippolyte Taine

Le chat, par son attitude attentive, à l'écoute, comme un psychologue silencieux, ressemble à un bonze, à un vieux sage. Ce n'est peut-être pas qu'une impression, à tel point sa manière de vivre, de ne pas se dépenser inutilement, de contempler le monde sans lassitude nous laisse interrogatif.

Acquérir un peu de sagesse au fil du temps, prendre un peu de recul sur le monde, la vie, les événements, nous le vivons tous, au fil des années, de l'âge qui avance, plus ou moins rapidement…

Combien d'entre nous se sont dit un jour : « Avec ce que je sais aujourd'hui, j'aimerais retourner à mes 20 ans… » Nous acquérons un peu de sagesse avec le temps, quand les chats eux, sans école, sans livre, sans penseur, sans encadrement ni référence, sans même un grand nombre d'années ni d'expériences, possèdent une forme de sagesse innée.

Sagesse dont nous ne parvenons à grappiller que quelques bribes à grand renfort de remises en question, de tentatives, d'échanges, de réflexions et d'introspections.

Un parcours bien sinueux, pénible à plus d'un titre, pour parvenir comme lui, un jour, à nous asseoir sereinement pour regarder l'horizon en esquissant un sourire à plus de 60 ans. Quand lui sait le faire depuis presque sa naissance.

Nous avons à apprendre des chats dans ce domaine également, mais cette sagesse insondable, presque mystique qu'ils transpirent, comment en saisir les tenants et aboutissants ?

Pourtant, cette sagesse, il nous l'offre. Si vous avez un chat, vous le savez. Vous avez déjà connu ce moment où, alors que vous êtes en proie à des doutes, à des pensées qui tournent en boucle, et que vous ne savez plus prendre de recul, vous le regardez droit dans les yeux et qu'il vous fixe alors également comme lisant à travers vous. Vous avez alors ce sentiment profond, qu'il sait, contrairement à vous. Qu'il sait ou qu'il a su…

Il vous porte alors un regard bienveillant qui vous raconte une légende… Cette vieille histoire d'un empereur chinois, qui, rassemblant ses plus grands sages, leur demanda de trouver une phrase qui saurait répondre à tous les sentiments, à toutes les situations, bonnes ou mauvaises, qu'un homme puisse rencontrer dans sa vie… Les sages revinrent voir l'empereur quelque temps plus tard pour lui délivrer cette phrase… Ce message que le chat vous transmet dans ce regard quand vous êtes perdu, cette phrase qui, à travers lui, traverse les âges pour vous dire :

« Cela aussi passera. »

Oui, pour le meilleur et pour le pire, cela aussi passera.

Peut-être passons-nous parfois trop de temps à nous agiter en tous sens, jusqu'à devenir sourd à l'essentiel de l'existence.

Voilà peut-être ce que nous raconte le chat dans son immobilisme, dans sa contemplation, dans sa bienveillance à notre égard : je suis là, je te surveille comme je veille sur toi, cela aussi passera…

LA SAGESSE N'EST PAS UNE MATIÈRE QUI S'APPREND NI S'ENSEIGNE. ELLE EST UN ÉTAT, UNE POSTURE UN PEU EN RETRAIT DE L'AGITATION DE LA VIE, POUR MIEUX L'APPRÉHENDER DANS SA GLOBALITÉ. LE SAGE SAIT S'ASSEOIR SUR LA LUNE POUR REGARDER LA TERRE, COMME LE CHAT EST ASSIS SUR LE TOIT POUR OBSERVER LA LUNE.

LE CHAT PENSE À LUI AVANT TOUT

« *Le chat ne nous caresse pas,
il se caresse à nous.* »
RIVAROL

Comme nous l'avons vu, pour le chat, l'essentiel de sa vie se passe à cultiver son bien-être avant tout. Et pour cela, il faut parfois savoir, comme lui, être un peu égoïste, et ne penser qu'à soi.

Cela ne veut pas dire être nombriliste, narcissique ou égocentrique, mais s'autoriser à faire passer son bien-être personnel avant celui des autres par moments.

On ne peut rien donner aux autres si l'on ne sait rien se donner à soi.

Que ce soit physiquement ou psychologiquement, avant toute chose, prenez soin de vous, c'est la clef de votre bonheur qui en dépend.

Vous saurez d'autant mieux donner et partager que vous serez heureux et épanoui dans votre vie.

N'attendez pas après les autres pour vous créer votre bulle de bien-être et de douceur, cela ne dépend que de vous. Personne ne le fera pour vous, et d'ailleurs, personne ne peut savoir ce qui profondément compte pour votre bien-être.

Alors, prenez-vous par la main et, comme le chat, bâtissez votre territoire, votre zone de confort, vos conditions de bien-être et vos possibilités d'épanouissement personnel.

Cultivez vos petits plaisirs chaque jour, et ne manquez jamais une occasion de vous offrir un bon moment ou de vous faire un petit cadeau à vous-même, parce que, oui, vous le méritez bien ! N'en doutez jamais !

PENSEZ À VOUS, À VOTRE BIEN-ÊTRE, PRENEZ SOIN DE VOUS, PERSONNE NE LE FERA MIEUX ET N'EN FERA PLUS POUR VOUS QUE VOUS-MÊME.

LA JOURNÉE DU CHAT

7 H 45 : PETIT DÉJEUNER.

🐾 De l'eau, du lait pour lui, dans une écuelle propre, des croquettes, un pâté, un sachet fraîcheur, mais du bon, du frais et le tout dans un endroit propre !

🐾 Cela peut paraître simpliste, mais combien d'entre nous ne prennent pas le temps de déjeuner ? Combien rincent une tasse vite fait pour se faire couler un café, en le buvant debout, appuyés contre l'évier de la cuisine, avec la flemme de se faire une tartine ?

🐾 Vous avez pris soin de lui, prenez soin de vous ! Prendre son petit déjeuner confortablement installé, comme pour le chat, c'est le meilleur moyen de commencer votre journée !

🐾 Prenez le temps de manger, de vous faire griller une tartine, de sortir la bonne confiture perdue au fond du réfrigérateur, mangez ce que vous voulez, mais prenez le temps et prenez du plaisir.

🐾 Le petit déjeuner est le repas le plus important de la journée nous répètent les nutritionnistes, c'est aussi une manière de prendre soin de soi, de son bien-être, et d'entamer la journée avec le sourire !

LE CHAT S'ACCEPTE TEL QU'IL EST, LE CHAT S'AIME

« L'espèce humaine est la seule à avoir des difficultés à se voir en tant qu'espèce. Un chat semble n'avoir aucun mal à être un chat ; c'est tout simple. Les chats n'ont apparemment aucun complexe, aucune ambivalence, aucun conflit et ne montrent aucun signe de volonté d'être plutôt des chiens. »
ABRAHAM MASLOW

C'est un fait, ne pas parvenir à s'accepter tel qu'on est ne fait qu'engendrer peine et déception. Nous sommes tous nés différents, et la plupart d'entre nous sont insatisfaits de leur condition, de leur corps, de leur position sociale… Beaucoup trop d'entre nous ne s'aiment pas.

Nous voudrions tous si souvent être quelqu'un d'autre plutôt que d'accepter simplement qui l'on est. S'accepter, c'est aussi découvrir les richesses et les capacités que nous avons tous individuellement…

Oui, contrairement, au chat, nous réfutons trop souvent ce que nous sommes, pour envier ce que nous aimerions être… Le meilleur moyen d'être malheureux en somme.

Le chat se pose-t-il cette question ? Le chat désire-t-il être un autre chat ou un autre animal ? À l'évidence cette question ne lui traverse même pas la tête, car elle est parfaitement inutile. Il est heureux et fier de ce qu'il est, et son attitude, presque hautaine à l'égard des autres animaux, des humains également parfois, ne fait que le confirmer.

Cette fausse question qui nous fait ruminer si souvent dans des réflexions stériles, le chat, lui, a l'intelligence de ne pas s'en embarrasser. Ce qui par conséquent le pousse à s'aimer, pour lui, pour ce qu'il est, et donc à être heureux.

Savoir s'accepter, rien de bien compliqué sur le papier, dès l'instant où l'on se met dans la peau du chat qui, lui, se trouve très bien comme il est !

Nous aimons le chat tout d'abord parce qu'il s'aime lui-même. Pourquoi ne pas lui emboîter le pas sans se poser d'autres questions ?

Pourquoi ne pas se poster le matin devant son miroir en se disant : « Tu sais que je t'aime toi ? », en riant ?

Cela paraît simple, mais essayez ! Vous serez obligé de sourire en vous disant cette phrase !

Mais que signifie ce sourire ? Que vous vous aimez assez ou pas… ? À l'aune de votre sourire, triste ou amusé dans le miroir, vous saurez le chemin qu'il vous reste encore à parcourir pour définitivement vous aimer, et vous accepter dans votre nouvelle peau de chat !

POUR ÊTRE AIMÉ, IL FAUT COMMENCER PAR S'ACCEPTER, ET S'AIMER SOI-MÊME !

À MÉDITER...

« LES CHATS, LES FEMMES ET LES GRANDS CRIMINELS ONT CECI DE COMMUN, ILS REPRÉSENTENT UN IDÉAL INACCESSIBLE ET UNE CAPACITÉ À S'AIMER SOI-MÊME QUI NOUS LES REND ATTIRANTS. »

S***igmund*** F***reud***

LE CHAT SAIT SE PAVANER, IL EST FIER

« Il n'y a pas de chat ordinaire. »
SIDONIE-GABRIELLE COLETTE

On confond souvent estime de soi et confiance en soi. Si ces deux notions se rejoignent et se complètent, on peut très bien avoir confiance en soi, et pour autant ne pas avoir une haute estime de soi, et inversement.

C'est un peu flou ? Alors disons, par exemple, que vous pouvez être un excellent commercial, que vous avez une confiance absolue dans votre talent de vendeur, que vous avez confiance en vous sur le terrain, et que pour autant, chaque jour, vous vous dites que votre travail ne vous épanouit pas, qu'il ne sert à rien, que vous avez mieux à faire en ce monde, mais que… Manque d'estime de soi.

L'exemple inverse, pour enfoncer le clou, consiste à dire que la musique est votre passion, que vous êtes un musicien de talent, que vous en avez conscience par rapport à tous les retours de vos fans, même que vous avez du mal à percer parce que sur scène… Manque de confiance en soi.

Êtes-vous fier de ce que vous êtes ? De ce que vous faites ?

L'image que vous avez de vous-même dans ce que vous faites, dans ce que vous êtes, est tout aussi importante que votre confiance en vous. Si vous êtes en phase avec vos envies, vos besoins et vos rêves, alors, souvent, estime de soi et confiance en soi se rejoignent et se confondent pour atteindre l'apogée de votre épanouissement et votre plus grand bonheur.

Qu'en est-il du chat dans cette estime de lui-même, dans cette fierté de ce qu'il est, de ce qu'il fait ? À l'évidence, c'est un acquis dont nous ne pouvons que nous inspirer, tellement il est fier d'être un chat, avec tous les avantages que cela représente !

Il est unique, il le sait, sans avoir besoin d'en faire plus pour s'en convaincre ou d'avoir à le démontrer à l'assistance.

Il a confiance en lui, et une haute estime de ce qu'il est. Qu'a-t-il besoin de prouver ? Et à qui ? Il est !

Une raison suffisante et nécessaire pour pouvoir se pavaner avec fierté, d'être un chat, simplement.

SOYEZ FIER DE LA PERSONNE QUE VOUS ÊTES ! EN CELA, VOUS SEREZ EXCEPTIONNEL !

À MÉDITER…

« COMME QUICONQUE LES A UN TANT SOIT PEU FRÉQUENTÉS LE SAIT BIEN, LES CHATS FONT PREUVE D'UNE PATIENCE INFINIE ENVERS LES LIMITES DE L'ESPRIT HUMAIN. »

Cleveland Amory

LE CHAT EST AU CENTRE DE TOUTES LES ATTENTIONS

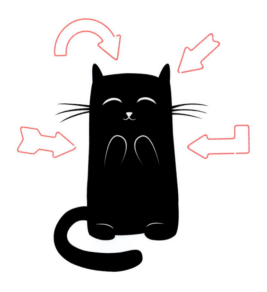

« À fréquenter les chats, on ne risque que de s'enrichir. »

Sidonie-Gabrielle Colette

Sous ses airs de ne pas y toucher, silencieux et calme, le chat cherche toujours, lorsqu'il aime les humains qui l'entourent, à être au centre de l'attention. Passant des genoux de l'un à ceux de l'autre, minaudant, allant même jusqu'à se frotter aux jambes de la seule personne dans le groupe présent qui n'aime pas particulièrement les chats, comme par défi…

Personne n'échappe à sa présence, y compris les plus réticents. La place du roi, il l'a déjà dans la maison, être le centre de l'attention pendant l'apéritif entre amis, un petit jeu qu'il affectionne tout autant.

Et pour cela, que fait-il ? Réclame-t-il ? Miaule-t-il ? Le tout jeune chat peut faire ça dans ses premiers mois, par manque d'expérience. Mais le chat posé se contentera de venir vers vous à pas de loups, en clignant des yeux, hypnotisant l'espace de quelques secondes un à un les invités… En leur offrant la « chance » de pouvoir le caresser, en leur offrant un peu de douceur, d'attention, en les regardant… Même le chat que l'on voit pour la première fois deviendra le centre de notre attention par sa gentillesse à venir calmement, tout en se laissant toucher et en faisant mine (parfois) d'y prendre du plaisir, pour mieux capter votre attention.

Instinctivement, en tendant la main vers le chat, nous cherchons tous à puiser quelque chose… Impalpable… Un peu de calme, de sérénité… Il le sait, nous regarde… Il nous laisse faire, il nous laisse nous apaiser… Car systématiquement, nous sourions tous en caressant un chat !

Qu'a-t-il fait en définitive pour être au centre de toutes les attentions ?

Il a donné. Donné par sa manière d'être, le simple fait de s'être présenté devant nous comme un cadeau apaisant, offert, que l'on peut toucher… il a donné.

Le temps de quelques caresses, tout à coup, comme hypnotisés, nous n'avons plus rien écouté de ce qui se racontait autour de la table… Pourquoi ? Parce que l'intérêt qu'il nous a porté, la source de vie et de sérénité qu'il venait de mettre à portée de notre main à ce moment-là, valait bien plus que n'importe quelle considération métaphysique, réflexion philosophique ou autre débat échevelé !

POUR CAPTER L'ATTENTION, SOYEZ UNE SOURCE, UN CENTRE DE GRAVITÉ POUR VOS PROCHES. DONNEZ !

LE CHAT EST HERMÉTIQUE AU JUGEMENT

*« Les chats savent très bien qui les aime
et qui ne les aime pas, mais s'en soucient
trop peu pour y remédier. »*
WINIFRED CARRIERE

Une observation qui m'a souvent amusé : les chats se moquent éperdument du fait ou non d'être appréciés, que ce soit des autres chats, ou des hommes.

Leur caractère indépendant, solitaire, et ne s'attachant qu'avec choix et discernement à certains êtres, qu'ils soient animaux ou humains, les pousse à s'asseoir naturellement et avec beaucoup de plaisir sur ce fameux « regard des autres » auquel nous, hommes, accordons parfois une importance démesurée.

Ce besoin d'être aimé, apprécié, admiré, et a minima accepté par « les autres », le chat n'en a que faire : il est ! En ce sens, son propre regard lui suffit.

On ne peut bien entendu vivre en ne regardant que son nombril, ce n'est pas le propos, mais la balance entre estime de soi et regard des autres, a souvent tendance à pencher du mauvais côté, plutôt que de rester en équilibre.

Les preuves du « tout pour paraître » ne manquent pas dans notre société comme dans nos médias. L'image de soi est devenue un culte, non pour soi, mais pour le regard des autres, ce qui est le comble du mensonge que l'on peut se faire à soi-même !

Paraître cool, paraître jeune, paraître riche, paraître intelligent, paraître tolérant, paraître fun, paraître ouvert d'esprit, paraître, paraître, paraître… Le leitmotiv de ces dernières décennies qui s'emballe de mode en mode, de télé-réalité en faux-semblants…

Paraître avoir du talent comme paraître honnête, jusqu'à parvenir à s'en convaincre, à se mentir définitivement. Car tout ce qui compte, à tel point la balance pèse du côté du regard des autres, c'est bien cette cooptation, cette acceptation par la majorité, la mode, la tendance… Ce qu'il faut montrer, paraître, bien avant ce qu'il faut être… Bien avant ce qui nous ressemble le plus, en fait. Bien avant ce qui pourrait réellement nous rendre heureux, en somme.

Nous sommes trop souvent soumis à cette dictature sociale de ce qu'il faut « paraître » ou « avoir », quand le chat, lui, s'en moque comme de sa première souris !

Même lorsqu'il vit plus ou moins en groupe domestiqué ou à l'état sauvage, le chat n'adopte jamais l'attitude de l'un de ses congénères. Il reste tel qu'il est, avec ses envies, son caractère, ses besoins, sans avoir la moindre pensée de devoir entrer dans un quelconque moule social, ou arborer et colporter une image, pour « s'intégrer » au diktat d'une majorité souvent en perte de repères.

Il est entier, avant tout fidèle à lui-même, et nous ferions bien socialement de nous en inspirer, ne serait-ce que pour ne pas vivre dans un grand lissage de pensées (uniques), de modes à l'emporte-pièce (stériles), de discours (convenus) et d'une morale (proprette) à géométrie variable.

Il est entier, et nous devrions faire de même, ne serait-ce que pour nous reconnecter à nos envies, ne serait-ce que pour nous rendre heureux en étant à l'écoute de la petite voix qui nous répète sans cesse :

**AFFRANCHISSEZ-VOUS
DU REGARD DES AUTRES !
RESTEZ VOUS-MÊME !**

LE CHAT EST CURIEUX PAR NATURE

*« La curiosité est la base essentielle
de l'éducation, et si vous me dites que la curiosité
a tué le chat, je vous répondrai simplement
que le chat est mort avec noblesse. »*
Arnold Edinborough

La curiosité est innée chez le chat, dès qu'il arrive à sortir de son panier en faisant la brasse sur le parquet, il furète de partout, sent, ausculte avec une grande attention tous les objets, les nouveaux endroits inexplorés.

Contrairement au chien, il ne se jette pas sur n'importe quelle nouveauté inconsciemment, il avance prudemment sans quitter du regard le nouveau sac en papier, la nouvelle cachette inconnue.

Une curiosité immense qui lui fait redécouvrir son univers sans arrêt. Pour lui, chaque jour est une nouvelle découverte, un petit bout « d'extraordinaire » qu'il ne cesse d'alimenter avec cette curiosité.

Nous avons tout intérêt à nous en inspirer pour apprendre un petit peu chaque jour, et pour nous émerveiller plus souvent.

Il est des gens plus ou moins observateur, ayant l'esprit plus ou moins orienté à vouloir sans cesse faire de nouvelles découvertes, et pourtant, la nouveauté fait pleinement partie de notre bien-être, de l'oxygène de notre esprit. Nous en avons besoin au même titre que de respirer, sans cela nous nous étiolons doucement.

Pour ceux ne sachant comment cultiver cette curiosité comme une bouffée de bonne humeur pour la journée, il y a un principe simple à respecter : chaque jour, apprenez une nouvelle chose.

« One knowledge, one day. »

Peu importe la portée, l'importance ou la valeur de cette nouvelle connaissance, mais une connaissance par jour, un simple mot parfois. Une connaissance que vous retiendrez à jamais.

Cela peut paraître simple, mais ce qui compte, c'est de pratiquer cet exercice sur la durée si vous n'êtes pas très enclin à avoir cette forme d'esprit. Car un instant de curiosité par jour, c'est 365 nouvelles connaissances par an, et croyez-moi, pour votre culture comme pour votre bien-être, cela fait toute la différence !

**SOYEZ CURIEUX !
CURIEUX DE TOUT !
VOUS N'EN VIVREZ QUE MIEUX !
ÉMERVEILLEZ-VOUS !**

LA JOURNÉE DU CHAT

8 H 15 : TOILETTE DU CHAT !

🐾 Après s'être repu au petit déjeuner, vous le verrez commencer à se lécher longuement. C'est aussi pour vous l'heure de la douche.

🐾 Tout le monde connaît la douche TGV, quand on est en retard ! Il arrive même qu'on attende tout juste que l'eau chaude arrive pour se jeter dessous. Vite, vite ! Il faut faire vite ! On est à la bourre ! Et le chat remonte lentement sa langue le long de sa patte arrière, puis passe à l'autre… Tranquillement.

🐾 Au-delà de l'hygiène, la douche fait partie de ces moments de la journée où l'on peut et où l'on DOIT prendre soin de soi. Autant de détente, de délassement à la clef, c'est également un excellent moment pour laisser courir ses pensées, et laisser votre cerveau s'éveiller tranquillement à ce que vous avez à faire dans la journée.

🐾 Les femmes sont souvent plus douées que les hommes pour prendre soin d'elles, dans ces longs moments que l'homme ne comprend pas toujours, où elles passent trois heures dans la salle de bains ! Une véritable attitude de chat qu'elles adoptent souvent durant le week-end, pour prendre soin d'elles avant tout. Chapeau bas, Mesdames, même si parfois nous nous énervons pour cela ! C'est pour la bonne cause : pour votre bien-être, comme pour notre regard !

LE CHAT EST IN-DÉ-PEN-DANT

« *Conquérir l'amitié d'un chat est chose difficile. C'est une bête philosophique, rangée, tranquille, tenant à ses habitudes, amie de l'ordre et de la propreté, et qui ne place pas ses affections à l'étourdie : il veut bien être votre ami, si vous en êtes digne, mais non pas votre esclave.* »
Théophile Gautier

L'indépendance constitue l'une des caractéristiques principales du chat. Il n'est soumis à aucune hiérarchie, il n'a besoin d'aucune construction de vie en groupe, en tribu, comme d'autres animaux.

Son indépendance est inaliénable, loin de la meute, il vit sa vie au gré de ses envies, sans avoir besoin de l'aval de ses semblables, et encore moins des humains !

Pourquoi une telle indépendance comme forme d'existence ?

Cela lui permet de n'avoir aucun compte à rendre, de n'agir qu'en fonction de sa bonne volonté, sans pression extérieure, ni obligation sociale, ni regard accusateur… Cette indépendance non négociable est à la base même de sa liberté !

La dépendance vis-à-vis des autres, quelle soit personnelle ou professionnelle, ne fait que nous soumettre à des contraintes qui ne correspondent pas toujours à nos désirs.

Pourtant, par nature, nous ne pouvons comme le chat être totalement indépendant. L'homme s'est toujours rapproché pour vivre en groupe. Malgré tout, nous avons tous intérêt à mesurer régulièrement notre taux de dépendance et d'indépendance dans notre vie, en se posant de temps à autre quelques questions :

Jusqu'à quel point suis-je indépendant financièrement ?

Suis-je capable de supporter quelques mois de célibats, sans ressentir un besoin compulsif de me sentir aimé et désiré à chaque instant, sans avoir à cumuler des histoires sans lendemain pour combler mon vide affectif ?

Suis-je seul à décider des grandes orientations de ma vie, ou sont-elles systématiquement déviées par les besoins différents de mon conjoint, de mes parents, de mes enfants ?

Jusqu'à quel point suis-je dépendant de mon travail, pour ce qu'il me ramène financièrement ? Me suis-je endetté à ce point que je n'ai d'autre choix que de cumuler heures supplémentaires, week-ends et jours fériés à devoir travailler ?

Suis-je tellement dépendant de mon conjoint, que je suis capable de tout accepter, de tout subir, jusqu'à me taire devant ses humiliations ?

Les membres de mon entourage prennent-ils une place si importante que je ne peux me permettre de les contredire par mes actes, mes avis, par peur de les froisser, de risquer de les perdre ?

Suis-je tenu de supporter les humeurs de mon supérieur pour garder mon job, alors qu'ailleurs un meilleur poste m'attend, pour peu que je me donne les moyens d'y postuler ?

Jusqu'à quel point mes addictions – qu'elles soient au tabac, à l'alcool, à la drogue, à la nourriture comme au sport ! – pèsent-elles dans ma vie et dirigent-elles donc, en conséquence, mes activités et mes envies ?

À quel point me suis-je enfermé dans ces dépendances ?

À quel point dictent-elles ma vie ?

Dans quelle proportion suis-je encore maître à bord de mon existence ?

Autant de questions à se poser régulièrement, peut-être dès aujourd'hui, pour prendre conscience de notre niveau de dépendance.

Dans tous ces cas de figure, nous vivons tous, en partie, une forme de dépendance dans nos vies personnelles et professionnelles, c'est un fait.

Pour autant, l'essentiel est de déterminer cette part, et de savoir si elle est majoritaire ou minoritaire.

Au final, qu'est-ce que je mets dans la balance ? Quels sont les ingrédients de mon bien-être ?

Nous ne pouvons vivre en toute indépendance comme le chat, mais nous nous devons de corriger certaines dérives que nous avons tous tendance à laisser s'installer dans nos vies, sans que nous en ayons toujours conscience…

TRAVAILLEZ À RECONQUÉRIR DANS TOUS LES DOMAINES UNE PART D'INDÉPENDANCE, VOUS GAGNEREZ AINSI VOTRE LIBERTÉ.

SECRET DE CHAT

« Vous êtes persuadés que nous ne faisons rien de la journée car nous n'avons pas besoin de nous agiter comme vous le faites en permanence ?

En réalité, contrairement à ce que vous croyez, nous sommes très utiles à l'homme.

En effet, lorsque vous revenez de votre travail, stressés, pleins de mauvaises humeurs, de mauvaises ondes que vous avez emmagasinées sans vous en rendre compte dans la journée, à votre avis qui s'occupe de vous libérer de tout cela ?

Pourquoi après seulement quelques instants en notre compagnie, à nous caresser, vous sentez-vous mieux comme par miracle ? De plus en plus apaisés ?

Nous, chats, sommes là pour ça. À notre contact, nous aspirons en vous toutes ces mauvaises vibrations qui vous rendent si triste, en colère, mal. D'ailleurs, vous vous en rendez compte, et pensez que seule notre présence est apaisante, mais nous faisons beaucoup plus que cela sans que vous vous en doutiez une seconde.

Chaque jour, nous vous soignons de tous les maux que vous inflige la vie, car nous vous aimons. »

ZIGGY

LE CHAT
A CONFIANCE EN LUI

*« La différence entre un chien et un chat.
Le chien pense : ils me nourrissent,
ils me protègent, ils doivent être des dieux.
Le chat pense : ils me nourrissent,
ils me protègent, je dois être dieu. »*
IRA LEWIS

Comme nous l'avons évoqué dans le chapitre sur la fierté et l'estime de soi, la confiance en soi est aussi une des principales forces innées chez le chat.

Avez-vous déjà vu un chat adopter une attitude introvertie, comme peu sûr de lui ? Jamais ! Il est fier, il est le meilleur, il le sait. Comme dit l'adage : « On n'est pas le meilleur quand on le pense, mais quand on le sait. » Là réside un des leviers de la confiance en soi. La différence peut paraître mince, mais elle est d'importance !

La confiance en soi relève autant de l'acceptation de ce que l'on est réellement, comme nous l'avons abordé, que de la fierté de ce que nous sommes, à la mesure de nos talents ou de notre système de valeurs.

La confiance en soi, c'est par exemple pour le chat de venir spontanément vers nous en se disant : « je sais que tu m'aimes », et non pas : « m'aimes-tu encore aujourd'hui ? ».

Par voie de conséquence, cette certitude qu'il a, fait aussi partie de son aura, de son charisme, de son charme, de sa beauté, du simple fait que nous l'aimons.

Beaucoup trop de gens souffrent de cette carence de confiance en eux, quand d'autres en débordent, parfois sans raison.

Tous ces chapitres se rejoignent et s'entrecroisent comme vous vous en rendez compte, car la pleine confiance en soi relève d'un faisceau de capacités, volontairement segmentées dans cet ouvrage pour mieux les appréhender, mais qui toutes se rejoignent, interfèrent les unes avec les autres…

Oui, il faut s'aimer pour avoir confiance en soi, il faut être suffisamment indépendant, entier, s'être affranchi du « qu'en-dira-t-on ? », etc.

La confiance en soi n'est pas un concept jeté en l'air, mais un apprentissage, une somme de forces que possède le chat, des capacités à intégrer une à une, qui permettent de faire et de vivre mieux chaque jour.

Les gens qui ont confiance en eux sont « au centre de l'attention », « libre », et « charismatique »… Ils sont heureux souvent pour beaucoup, mais ont su cultiver tous les paramètres qui permettent de développer au fil du temps cette confiance en eux.

Copiez le chat en ce domaine, vous serez vous.

« AYEZ CONFIANCE EN VOUS ! »,
SERAIT UNE PHRASE FACILE
POUR CE TYPE D'OUVRAGE.
MAIS JE PEUX VOUS PROMETTRE
QUE CULTIVER LES DIFFÉRENTS ASPECTS
QUI LA FORGENT, COMME LE FAIT
LE CHAT, VOUS OFFRIRA DES JOIES
ET DES VICTOIRES DANS VOTRE VIE,
CE QUI LA FERA NAÎTRE EN VOUS
NATURELLEMENT !

LE CHAT SAIT DÉLÉGUER

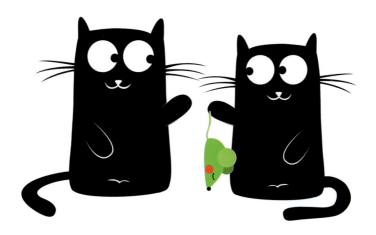

« *Les chats sont malins et conscients de l'être.* »
Tomi Ungerer

Êtes-vous plutôt au petit soin avec vos proches, au service de tout le monde ? Ou au contraire considérez-vous que tout vous est dû, que chacun doit être à votre service et répondre à la moindre de vos exigences ?

Ne jamais tomber dans les excès, mais savoir se faire servir comme un chat peut parfois réellement soulager votre quotidien.

Le chat ne fait rien, c'est bien connu, et passe son temps à se faire servir ! Il est le roi !

Sans vouloir copier à la perfection cette attitude royale et dominatrice, pour autant, vous n'avez pas non plus à être le sbire, au service à tout instant de votre petite famille ! Répondre à toutes les attentes, à tous les caprices, à toutes les envies de vos enfants comme de votre conjoint, n'est pas ce qu'il y a de plus reposant.

Apprenez comme le chat à vous faire servir, et commencez en premier lieu à déléguer les petites tâches quotidiennes. Vous n'êtes pas le serviteur ou la boniche permanente de vos enfants, et les autonomiser un peu en leur déléguant certains travaux, pour assurer le bon fonctionnement de la maison, ne peut pas leur faire de mal !

Vous y gagnerez en temps, en efficacité, en fatigue et en stress ! Savoir déléguer ? La base ! Mais pour cela, il faut demander, et cesser de faire à la place de… ou parce que ça va plus vite si…

Cela est tout aussi valable pour les chefs d'entreprise, si rarement capables de faire confiance, de déléguer, en ayant sans arrêt besoin de vérifier et valider le travail de chaque personne… Mauvaise habitude qui se transforme en système, puisque par la suite chacun des employés, tellement « maternés » dans son poste, viendra faire valider chaque virgule de son travail… Autant d'heures que d'autonomie de perdues, et de surcharge de travail pour le boss que vous êtes peut-être !

Apprendre à déléguer, c'est avant tout vous dégager du temps pour vous, pour faire ce que vous voulez, plutôt que d'être l'esclave permanent des besoins quotidiens de votre entourage.

Et puis, déléguer, n'est-ce pas là une preuve de confiance que l'on fait à ses proches, à ses employés, à son conjoint, à ses enfants ? C'est une autre façon de voir les choses…

D'ici à dire que c'est pour notre bien que le chat se fait servir en permanence serait un peu abuser ! Encore que ?

SOYEZ UN CHAT AU TRAVAIL COMME À LA MAISON : APPRENEZ À DÉLÉGUER !

À MÉDITER...

« LES CHIENS ONT
DES MAÎTRES,
LES CHATS ONT
DES SERVITEURS. »

Dave Barry

LA JOURNÉE DU CHAT

8 H 45 : DOUCEMENT LE MATIN.

🐾 Le chat a envie de sortir, d'aller se promener, lorsque vous devez partir pour aller travailler. D'ailleurs qui sait ce que fait réellement un chat de sa journée ?

🐾 Sort-il comme une furie de la maison ? Non. Il se dandine tranquillement, en laissant la plupart du temps la queue dans l'encadrement de la porte pendant qu'il hume l'air. Ce qui l'amuse et vous énerve, car vous ne pouvez pas refermer !

🐾 Pourquoi à ce moment-là courez-vous, pour ensuite faire demi-tour afin de récupérer les clefs ou le dossier que vous avez oubliés à la maison ? Zen ! Rien ne sert de courir si vous êtes un peu organisé ! Regardez votre chat, il vient de traverser tranquillement l'allée… Courir en tous sens de manière désor-donnée ne fait qu'engendrer perte de temps et stress.

🐾 Votre bien-être passe essentiellement par le calme dont vous ferez preuve tout au long de la journée. Vous ferez aussi vite et aussi bien de manière pragmatique, calme et organisée, que de manière brouillonne, en faisant la course, et perfusé au stress et à l'anxiété.

🐾 Comme le chat, autant commencer sa journée d'un pas sûr et tranquille, et prendre quelques secondes pour happer les premiers rayons de soleil en levant les yeux vers le ciel, comme il le fait… et sourire.

LE CHAT SAIT PRENDRE LE TEMPS DE VIVRE

« De tous les animaux, seul le chat atteint une vie contemplative. »

ANDREW LANG

À le voir ainsi posé, assis ou allongé à fixer le paysage, à scruter le moindre des détails, on peut penser que le chat est une immense feignasse qui ne fait rien de la journée ! Ce n'est pas faux !… Dans notre regard d'humain !

Entre ne rien faire et prendre le temps de vivre, la différence n'est qu'une appréciation… bien humaine.

Dans notre système actuel, ne rien faire, être lascif, contempler, respirer… observer, prendre le temps de vivre est aujourd'hui considéré comme une attitude presque suspecte ! Il faut bouger, exploiter chaque minute, la remplir, cumuler les missions, les activités, ne pas « perdre son temps » ! Voilà la normalité, voilà la règle presque imposée de notre société !

À observer cette agitation permanente, presque névrotique de certains de mes contemporains, je ne peux m'empêcher de me mettre du côté du chat qui, lui, semble s'amuser de nous voir nous épuiser sur un vélo d'appartement, tout en répondant au téléphone pendant que nous suivons les informations à la télé… C'est bien lui à cet instant qui nous prend pour de doux timbrés à ainsi nous épuiser.

Prendre le temps de vivre, ce n'est pas remplir au forceps chaque instant de notre vie, avec ce sentiment sourd de peur de la mort : devoir avoir tout vu, tout fait avant…

Prendre le temps de vivre, c'est à l'inverse prendre conscience de chaque instant qui passe, de le prendre en considération, de se l'approprier, pour mieux s'y baigner, et en jouir jusque dans la moindre fraction de seconde…

C'est ce que fait le chat, qui ne fait rien souvent au premier regard, qui n'a aucune notion du temps (du moins au sens où nous l'entendons), ni aucune notion de la mort qui l'attend, et qu'il n'anticipe jamais jusqu'au dernier instant de sa vie. (En dehors de l'hypothèse qu'il connaisse justement dans son savoir inné, l'autre côté du miroir, ce qui pourrait de la même manière expliquer son attitude placide dans le monde des vivants, mais cela est une autre histoire…)

Prendre le temps de vivre, c'est savoir profiter pleinement de la vie, et non pas d'y cumuler dans un planning fractionné à la minute tout ce qu'il « faut avoir fait », tout ce qu'il « faut avoir vu », tout ce qu'il « faut avoir visité »… Même les vacances sont devenues pour certains une course exténuante et chronométrée pire qu'une semaine de travail !

Débrayez, posez-vous, observez… Imitez votre chat, et sentez revenir en vous un peu de sérénité…

VOUS CONNAISSEZ L'ADAGE : « VOUS AVEZ BIEN PRIS LE TEMPS DE NAÎTRE, PRENEZ LE TEMPS DE MOURIR ! » ET POUR CELA FAITES COMME LE CHAT : PRENEZ LE TEMPS DE VIVRE !

LE CHAT S'ADAPTE
À TOUT RAPIDEMENT

*« Le chat est comme la sauce bolognaise,
il retombe toujours sur ses pâtes. »*
Philippe Geluck

Ziggy, chat normalement constitué de son état, a pourtant une faiblesse vis-à-vis des autres chats : il lui manque sa patte avant droite, après avoir été percuté par une moto dans sa première année.

Pour autant, lorsque nous vivions à la campagne, il avait son territoire à défendre des autres loustics, des minettes à séduire, des instincts de chasse à assouvir et même une oreille derrière laquelle il ne pouvait plus passer la patte pour faire sa toilette !

Pour une petite séance de grattage journalière derrière l'oreille, c'était facile : il venait se frotter à moi jusqu'à obtenir satisfaction !

Mais pour le reste, j'ai été impressionné de le voir agir de la même manière à quatre pattes puis trois pattes en l'espace de deux semaines ! Une fois le pansement arraché, bien entendu !

Pas une seule fois il ne s'est retrouvé bloqué devant un obstacle à franchir, un muret ou une palissade à escalader. Rien n'avait changé pour lui, et pourtant, avec une patte en moins, tout avait changé.

Impressionné par sa capacité d'adaptation je l'ai longuement observé pour voir comment il s'y prenait, et en effet… Il y avait quelques différences, à peine visibles. Quand il courait, il ne se tractait plus avec les pattes avant comme un félin, mais il se propulsait avec les pattes arrière comme un lapin ! Hallucinant de vitesse !

Pour ce qui était des chats intrus, qui, le voyant ainsi amputé, se disaient qu'ils pouvaient aisément venir se promener dans le jardin sans rien avoir à craindre : grave erreur ! Mais de la même façon, il avait adopté une technique bien à lui : au lieu de courir après le gros chat venu rouler des mécaniques, Ziggy se postait au milieu du jardin sans bouger et le laissait avancer, alors que l'autre faisait des cercles autour de lui en se rapprochant… Une fois l'ennemi suffisamment près, il se redressait sur ses pattes arrière comme un kangourou, la patte avant en garde, comme un boxeur, et le laissait encore avancer… Le gros chat ne comprenait pas cette attitude peu habituelle pour un chat, et avançait en se méfiant un peu, mais sans plus… J'observais, hypnotisé par ce calme, cette posture de boxeur… Et, une fois le chat à portée de son allonge, Ziggy lui dégainait une droite fracassante qui sonnait le gros chat ! (Avec sa mono patte avant, il avait pris sérieusement du muscle !) Surpris, il entamait une retraite, et c'est seulement à ce moment-là que Ziggy le prenait en chasse pour le faire fuir de son territoire ! J'étais sidéré ! Il est rare qu'il ait eu à en faire plus pour faire fuir tous ceux tentant de s'approcher de la maison : un uppercut de boxeur fulgurant !

Quant aux minettes, c'était une autre affaire, car la séduction et le jeu avant l'accouplement étant un peu brutaux chez les chats, pour l'avoir vu, il avait du mal à tenir en équilibre sur le dos d'une chatte ! (Un grand moment !)

Pourtant, la chatte de la voisine (ce n'est pas qu'une chanson !), un peu amoureuse de Ziggy, comprit vite qu'en jouant le jeu habituel, il ne pourrait pas la tenir par la nuque comme le font les chats, et rester sur elle sans qu'il tombe... Alors, quand l'envie se faisait sentir, elle se postait devant lui, immobile, allongée et le derrière en l'air sans bouger ! Le pacha n'avait alors plus qu'à œuvrer à ses plaisirs !

Les chats nous dépassent en beaucoup de choses, y compris dans leur capacité d'adaptation, et dans le cas de cette chatte, dans leur compréhension.

Jamais il n'a souffert de ce handicap pour vivre exactement de la même manière qu'auparavant. Pas une échelle ou un arbre n'ont eu raison de cette patte manquante... En serions-nous capables ? Nous, faibles humains, qui gémissons si souvent pour des broutilles physiques bien moindres ?

Une capacité d'adaptation physique enviable…

En quittant cette maison, je suis parti vivre en centre-ville, dans le vieux Lyon. Un nouvel habitat pour lui, de nouvelles conditions de vie, pas de jardin mais une ruelle qui devenait calme à partir de 23 heures, où se trouvaient d'anciens ateliers avec une chatière… Le bonheur de Ziggy, qui, s'adaptant à ce nouveau lieu, sautait par la fenêtre et passait la moitié de ses nuits à chasser des souris !

Et, pour en finir avec cette capacité d'adaptation à un nouvel environnement, nous vivons aujourd'hui sur un bateau, toujours à Lyon. Il a simplement fallu gérer son attirance pour les canards qui passaient, afin qu'il ne saute pas dans la Saône ! L'immensité de cette étendue d'eau tout autour de lui l'a un peu impressionné, au début… Mais, au bout de quelques jours, en nouveau maître des lieux, il se pavanait sur le toit du bateau, au point le plus haut, surveillant son nouveau territoire depuis le poste de commandement, allant et venant entre les coursives. Puis, voulant à nouveau étendre son domaine, il se mit à descendre les marches de l'escalier pour aller se promener sur le quai, se purger dans l'herbe et surveiller de très près les canards égarés se rapprochant de la berge !

Capacité d'adaptation physique, capacité d'adaptation à son environnement, le chat est maître en la matière ! Même s'il déteste qu'on change ses habitudes et son cadre de vie, il sera capable de tout mettre en œuvre pour recréer ce cocon de bien-être, ses habitudes de vie de plaisir, son univers.

Sa capacité d'adaptation ? Une vraie marque d'intelligence !

**D'OÙ VIENT LA CAPACITÉ D'ADAPTATION DU CHAT ?
EST-CE PARCE QU'IL AIME LA VIE ?
EST-CE PARCE QU'IL S'AIME LUI-MÊME ?
LES TROIS JE CROIS, MON CAPITAINE !
PRENONS-EN DE LA GRAINE !**

À MÉDITER...

« SI L'ON POUVAIT CROISER L'HOMME AVEC LE CHAT, ÇA AMÉLIORERAIT L'HOMME MAIS ÇA DÉGRADERAIT LE CHAT. »

Mark Twain

LE CHAT
AIME LE CALME

« *Le silence des chats est contagieux.* »
Anny Duperey

Foutez-moi la paix ! Du silence ! Du calme ! De l'air ! » Voilà ce qu'on rêve tous de dire par moments.

Nous sommes pris à longueur de temps dans le tourbillon du bruit, des Klaxons, du stress, des portes du métro qui se referment, des sonneries de téléphone, des alertes de planning, des rendez-vous, des e-mails… mouvement incessant, bruyant qui use les nerfs.

Le calme ressource le chat, il l'aime, le chérit, le recherche. Le calme extérieur nourrit son calme intérieur. Pourquoi ne faisons-nous pas de même ?

Pourquoi ne pas essayer de prendre quelques instants chaque jour pour vous baigner dans le calme absolu, dans le silence. N'écouter que vous, votre voix intérieure, votre cœur qui bat… Agrandir ainsi votre paix intérieure, la cultiver et l'entretenir chaque jour pour retrouver votre calme extérieur… Vivre mieux, simplement.

Faites comme le chat, dès que l'occasion se présente, recherchez un peu de calme. Et si l'environnement ne s'y prête pas, faites comme lui également : partez vous isoler sans rien dire, dans un endroit que vous seul connaissez ! Et ne revenez qu'une fois votre besoin de calme assouvi, votre réserve d'énergie reconstituée.

On peut supporter tout le bruit du monde tant qu'il ne nous est pas imposé par la contrainte, tant qu'il ne vient pas empiéter sur notre calme intérieur pour alimenter un stress inutile.

CRÉER VOS CONDITIONS DE CALME RÉGULIÈREMENT, C'EST CRÉER LES CONDITIONS DE VOTRE BIEN-ÊTRE, ET LA MEILLEURE SOLUTION POUR ÉVITER LES ULCÈRES !

LE CHAT CHOISIT SON ENTOURAGE

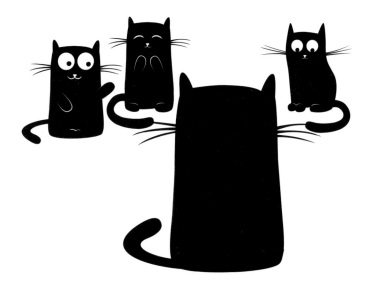

« *On ne choisit jamais un chat,
c'est lui qui vous choisit.* »
Philippe Ragueneau

Une chose est sûre, le chat ne s'encombre jamais de liens avec d'autres chats, ou avec des humains qui ne lui conviennent pas. Il choisit un à un les membres de son entourage, qu'il chérira d'autant.

Pourquoi alors nous, bêtes humains, passons-nous une grande part de notre vie à supporter parfois des personnes imbuvables, aux antipodes de nos valeurs ?

Pourquoi, par convenance sociale, et lâcheté par moments, nous forçons-nous à multiplier courbettes et sourires, en dépensant notre temps et notre énergie à entretenir, presque sous contrainte, toutes ces relations qui nous polluent ?

Choisir, comme le chat, voilà ce que nous pourrions faire de plus simple !

Choisir qui l'on fréquente, choisir avec qui l'on partage son temps, qui l'on aime, avec qui l'on veut passer sa vie.

Le chat qui vous a choisi a d'abord testé votre affection, votre personnalité, votre fidélité. Il se livrera alors s'il le désire, s'il vous ressent comme primordial dans sa vie actuelle et à venir, et vous restera fidèle, car il vous aura choisi.

La vie est trop courte pour la partager avec des cons : sommes-nous si bêtes par moments ?

Trop bête parfois et pas assez à l'évidence !

ARRÊTEZ DE SUBIR LES ABRUTIS, CHOISISSEZ VOS RELATIONS, CHOISISSEZ VOS AMIS !

LA JOURNÉE DU CHAT

12 H 30 : L'HEURE DE LA PAUSE.

🐾 Alors que le chat vient de passer sa matinée à se promener, pourquoi ne pas en faire autant ?

🐾 Le repas dans la salle de repos glauque, pas terrible ! La cafétéria bruyante, pas mieux !

🐾 Vous pouvez profiter aussi de cette pause déjeuner pour prendre votre repas à l'extérieur de l'entreprise.

🐾 Prenez l'air, promenez-vous, rêvassez devant les vitrines, dans un parc, marchez tranquillement, asseyez-vous sur un banc pour déjeuner… Mais prenez l'air, comme le chat. Errez au gré de vos envies, sortez, respirez, faites une pause et imprégnez-vous d'un pas nonchalant des beautés de votre environnement que vous ne prenez pas le temps de regarder habituellement !

🐾 Flâner est certainement le meilleur moyen de s'évader, de respirer, et de se donner une chance de faire de belles découvertes comme de nouvelles rencontres…

🐾 L'amour au coin de la rue ? Encore faut-il flâner pour le rencontrer ;-)

LE CHAT SAIT SE REPOSER, IL AIME DORMIR

« *Quand je réveille mon chat, il a l'air reconnaissant de celui à qui l'on donne l'occasion de se rendormir.* »
Michel Audiard

Vous connaissez l'adage : « Ne réveillez pas le chat qui dort ! » Regardez-le dormir, dormir, dormir… Nous adorons tous dormir… Alors pourquoi nous en empêcher dès qu'un moment se présente ?

Pourquoi ne pas préférer la petite sieste réparatrice à l'urgence de la vaisselle qui doit « impérativement » être faite, essuyée et rangée dans la seconde ?

Apprenez à vous reposer comme le chat, laissez-vous aller dans les bras de Morphée dès que vous en avez l'occasion… C'est si bon, vous le savez… Bon pour votre tête comme pour votre corps… Regardez-le cligner des yeux doucement, lui le sait depuis longtemps…

Le chat, ce grand inventeur du farniente, cultive non pas le sommeil, mais le plaisir de l'endormissement à répétition…

Dormir fait partie de ces plaisirs de la vie qu'il cultive, de sommeils légers en sommeils profonds où on le voit courir dans ses rêves. Car dormir, c'est se reposer, s'endormir, prendre du plaisir et rêver… Parfois, n'avons-nous pas des rêves dans lesquels nous aimerions nous attarder ?

Oh que oui ! Il est même parfois des rêves que l'on aimerait retrouver. Chut… Petit jardin secret !…

**PRENEZ DU PLAISIR À DORMIR,
CELA NE VOUS EMPÊCHERA
EN RIEN DE « PROFITER DE LA VIE » !
SURTOUT AU SENS PARFOIS INEPTE
QUE NOUS DONNONS
À CETTE PHRASE AUJOURD'HUI !**

LE CHAT
SAIT DIRE NON
(ET IL NE S'EN PRIVE PAS !)

« J'aime bien les chats, ils réfléchissent
et ils le gardent pour eux. »
Jean-Marie Gourio

Les chats détestent qu'on leur dise ce qu'ils ont à faire. Obéir à un ordre ? Très peu pour eux !

« Pour cela, prend un chien ! », pensent-ils !

Entêté jusqu'au bout des griffes, vous n'en tirerez qu'en de rares moments une action à la suite d'un ordre donné.

Mais en tant qu'humains, aimons-nous les ordres ? Bien sûr que non ! Et pourtant nous les subissons à longueur de journée à notre travail, comme à la maison… Sans même parler de tous les ordres indirects, représentés par tous nos codes de société que nous « devons » suivre à la lettre !

Apprendre à dire « non », voilà ce que nous pouvons prendre comme exemple sur le chat !

Cesser de subir sans arrêt les besoins des autres, d'avoir à suivre des directives qui ne nous correspondent pas, jusqu'à finir par ne vivre que dans une forme de soumission à toujours dire « oui », quand nous voulions dire « non ». Que ce soit pour un petit service, devenu une habitude dont vous ne pouvez plus vous défaire par la suite, que ce soit pour une surcharge de travail en dehors de votre mission, qui finit par devenir un acquis auprès des supérieurs et des collègues dans l'entreprise, sans pour autant en tirer la compensation financière qui va avec… Non !

Apprendre à dire « non » de temps à temps à vos enfants, à votre conjoint, à votre patron, à vos amis, non par pur égoïsme, mais pour préserver votre liberté d'action, votre temps. Car à force de dire « oui » à tout, tout le temps, à tout le monde, que vous reste-t-il comme temps pour vous, pour accomplir vos tâches comme pour assouvir vos plaisirs ?

Apprendre à dire « non », c'est savoir préserver votre temps, votre capacité d'action, votre vie, mais c'est aussi savoir vous faire respecter par cet entourage qui parfois, devant cette incapacité à dire « non », saura en tirer injustement parti.

Il faut rétablir la balance entre les ordres et les petits services. Aucun d'entre nous n'a à être au service permanent des autres.

« NON !… C'EST NON ! C'EST CLAIR ? »

À MÉDITER...

« LA DEVISE DU CHAT : QU'IMPORTE CE QUE TU AS FAIT, ESSAIE TOUJOURS DE FAIRE CROIRE QUE C'EST LA FAUTE DU CHIEN. »

Jeff Valdez

LE CHAT SAIT ÉVITER LES CONFLITS
(AUTANT QUE POSSIBLE)

« Les gens qui aiment les chats évitent les rapports de force. »
Anny Duperey

Hormis pour défendre son territoire, ou pour « courtiser » la chatte de la voisine, en collant une peignée au matou en maraude venu tenter sa chance, le chat n'aime pas les conflits.

Avez-vous déjà vu des hordes de chats se rassembler pour aller donner une raclée à une autre horde de chats ? Sous de fallacieux prétextes d'annexion territoriale ou de défense des ressources naturelles ? Le tout dirigé par deux gros chats avec des galons de chefs militaires ? Jamais !

Et plus le chat prend de l'âge, plus il use de stratagèmes pour faire fuir l'ennemi afin d'éviter le conflit.

Ziggy, lui, a un truc imparable quand un gros matou vient sur son territoire de nuit. Une fois qu'il a senti le danger approcher, il se cache et attend. Au début, la nuit, je l'entendais parfois grogner d'une énorme voix rauque (ça fait peur !), je sortais et je voyais un chat filer dans le jardin sans demander son reste, et lui : invisible. Je l'appelais, il ne venait pas.

C'est dans l'obscurité, depuis l'intérieur de la maison, que j'ai compris sa technique : il se cachait dans l'angle sombre du rebord extérieur de la fenêtre, derrière quelques branches tombantes de vigne vierge et, gonflant sa voix (sans rire, on aurait dit un tigre !), il mettait en garde l'intrus de son gabarit physique potentiel sans jamais se montrer. Si celui-ci restait dans les parages, il savait à quoi s'en tenir pour la bagarre à venir. Neuf fois sur dix, ça marchait. Le chat fuyait, Ziggy ne bougeait pas de son poste de vigie avant d'être sûr que l'autre ait franchi la frontière de son territoire, puis il reprenait sa ronde de nuit. Malgré ses trois pattes, la ruse, la stratégie, le simulacre étaient ses armes de nuit pour éviter le conflit.

Le chat n'est pas belliqueux ni bagarreur, il est fier et, autant que possible, tant que son territoire n'est pas en péril, il évite toujours d'avoir à se battre. C'est un des préceptes que j'avais lu dans *L'Art de la guerre*, de Sun Tzu, peut-être s'était-il lui aussi inspiré du chat plus de cinq cents ans avant notre ère… Il est bien malheureux que les plus « fins » stratèges et dirigeants militaires actuels ne sachent à l'évidence plus lire…

Le chat fonctionne d'une manière intéressante vis-à-vis du conflit, au regard des passes d'armes tout autant millénaires qu'inutiles que sait encore multiplier la nature humaine aujourd'hui !

Dans un conflit, il n'y a que deux perdants, et ça le chat le sait depuis longtemps.

DANS LA MESURE DU POSSIBLE : ÉVITEZ LES CONFLITS !

LE CHAT ADORE SA MAISON, IL MARQUE SON TERRITOIRE

« J'aime les chats parce que j'aime ma maison.
Et qu'ils en deviennent peu à peu l'âme visible. »
Jean Cocteau

Le chat adore sa maison, quelle que soit sa taille, c'est son domaine, il est le seul maître des lieux. Certaines personnes vivant avec un chat disent souvent en souriant : « Ce n'est pas le chat qui habite chez moi, c'est moi qui habite chez mon chat ! »

Avec sa propension à être le patron, à « déléguer », à se faire servir, à être entêté et à ne faire que ce qui lui plaît, il arrive que certains maîtres et maîtresses se laissent parfois, par amour pour leur chat, quelque peu envahir par les besoins et envies de celui-ci. À chacun de poser ses limites pour vivre en harmonie.

Mais ce qui nous intéresse ici, c'est l'amour, l'attention et la protection que le chat accorde à sa maison, à son territoire. À savoir d'ailleurs, que le chat, même domestique, vivant à la campagne peut avoir un territoire s'étendant sur trois ou quatre hectares. Ne vous étonnez pas alors de ses très longues promenades, puisqu'il passe son temps à veiller sur ce domaine.

Cela dit, le chat est très attaché à sa maison, même s'il ne s'agit que d'un appartement deux pièces, car il représente le cœur même de son univers de confort, le cadre de son bien-être physique et psychologique.

Avez-vous déjà prêté attention à l'intérieur des appartements de vos amis, la propreté, le rangement, la décoration… Y passent-ils du temps ? Ou vivent-ils à l'extérieur la plupart du temps ? Y êtes-vous souvent invité ?

À bien y regarder, ne voyez-vous pas un lien entre l'appartement de ces personnes et leur état émotionnel ? Il y a bien souvent un lien direct entre le bonheur que l'on vit dans sa tête, et l'entretien et la décoration de son lieu de vie. Comme un effet miroir, une visualisation directe de leur bien-être, parfois même de l'image qu'ils ont d'eux-mêmes…

À votre tour, comment vous sentez-vous chez vous ? À quoi ressemblent les murs, les meubles ? Êtes-vous à l'aise et confortablement installé ? Aimez-vous recevoir des amis pour dîner ? Êtes-vous fier de montrer votre intérieur ? Vous êtes-vous installé un canapé plein de plaids et de coussins pour vos séances du dimanche entre film et cocooning ? Vous êtes-vous créé toutes les conditions de votre bien-être ?…

Comme pour le chat – sans avoir besoin de marquer votre territoire ! –, votre domicile est à l'image de votre bien-être intérieur.

Il est aussi le refuge, l'endroit où vous pouvez vous reposer, vous ressourcer, vous couper pour un moment de l'agitation extérieure.

Votre maison est le centre névralgique d'un bonheur, dont vous pouvez étendre les frontières comme lui, par cercles concentriques, avec un environnement de quartier, avec vos habitudes, les commerçants que vous connaissez, le petit parc à l'angle de la rue où vous pouvez aller bouquiner l'été en toute tranquillité. Comme lui vous pouvez élargir votre territoire, votre zone de confort et de sécurité.

Votre cocon doit donc être un nid douillet, vers lequel vous pouvez toujours revenir pour vous détendre, prendre soin de vous, vous recentrer et accueillir les gens que vous aimez.

**HOME SWEET HOME !
CULTIVEZ LE CONFORT ET L'ESTHÉTIQUE
DE VOTRE PETIT PALAIS DORÉ,
VOUS NE VOUS EN SENTIREZ
QUE MIEUX.**

LA JOURNÉE DU CHAT

13 H 15 : SIESTE OBLIGATOIRE !

🐾 Si votre chat va passer certainement la moitié de l'après-midi à dormir, vous ne pouvez certainement pas vous le permettre.

🐾 En revanche, après le déjeuner et la promenade détente, il vous reste certainement encore un quart d'heure ou une demi-heure avant de reprendre votre poste.

🐾 Pourquoi ne pas essayer la micro-sieste d'un quart d'heure ? Vous reprendrez de l'énergie comme si vous aviez dormi plusieurs heures.

🐾 Certaines entreprises appliquent d'ailleurs de plus en plus cette pratique pour obtenir une meilleure efficacité de leurs équipes.

🐾 La sieste du chat ? L'avenir de l'entreprise ! C'est surtout pour vous une manière de récupérer d'une mauvaise nuit, de reprendre de l'énergie ou d'anticiper une soirée entre amis, dont vous savez par avance qu'elle risque de se prolonger tard dans la nuit !

LE CHAT ACCORDE SA CONFIANCE

*« On ne peut se fier à personne.
Les chats, c'est autre chose.
Une fois qu'ils t'acceptent dans leur vie,
c'est pour toujours. »*
André Brink

Dès l'instant où un chat vous aura choisi comme compagnon de vie, il vous accordera une confiance pleine et entière, presque aveugle. Quand par exemple vous le caressez, il arrive qu'il se mette sur le dos. Jamais un chat ne se met dans cette position naturellement (à part dans son cocon où il se sait en parfaite sécurité), car ainsi il est beaucoup trop vulnérable, et il aura beaucoup de difficultés à s'enfuir ou à se défendre. Et pourtant, de câlin en câlin, de baisers en gestes d'affection, il saura se mettre sur vous ou à côté de vous, dans les positions les plus improbables pour se faire câliner encore et encore, jouer, et se faire gratter le ventre. Il vous fait confiance !

Cette confiance absolue se démontre de différentes manières mais certains comportements sont des indicateurs flagrants.

Quelle confiance accordons-nous aux autres… Jusqu'à quel degré ?

Il arrive souvent qu'à la suite de déceptions sentimentales, qu'elles soient amoureuses ou amicales, nous ayons du mal à refaire confiance. On pourra croire l'autre, mais on restera toujours en vigilance, attentif au moindre signe que l'on pourra interpréter de la mauvaise façon (souvent) comme un faux pas à venir, ou un petit mensonge en attente.

Cette attitude suspicieuse peut réellement nous desservir dans notre vie. Comment en effet être heureux en vivant sans arrêt dans la crainte, dans la peur d'être à un moment trahi par l'autre ? Impossible.

Il n'est pas d'autre issue pour retrouver sérénité et joie de vivre que d'apprendre à nouveau à faire confiance, presque comme je le disais pour le chat : aveuglément.

Mais comme lui, avant tout, il ne faut pas placer cette confiance en n'importe qui, ni ouvrir en grand la porte de ses sentiments et de sa vie en quelques instants.

Suivez votre instinct avec les personnes que vous rencontrez, il ne vous trompera jamais... Et dès l'instant où vous sentirez que vous avez rencontré la bonne personne, que ce soit en amour ou en amitié, alors, ne vous fermez pas au bonheur en restant dans une posture de peur et de défiance.

Ouvrez les vannes de votre cœur, lâchez prise et faites confiance. Vous n'aurez pas d'autre choix, pas d'autre voie possible à emprunter, pour vivre cette chance de bonheur pleinement.

**APPRIVOISEZ VOS PEURS,
AIMEZ, ET FAITES CONFIANCE
AVEC DISCERNEMENT.**

LE CHAT EST UN PATRON-NÉ

« *Quand le chat n'est pas là,
les souris dansent !* »
Dicton français

Le chat est un excellent manager, le chef parfait, car il surveille sans rien faire… Il encourage d'un regard sans avoir à hurler pour se faire respecter. Il est là, simplement, et sa seule présence impose que les souris bossent ! En l'occurrence, par exemple, dans le cadre de la rédaction de cet ouvrage : j'étais la souris ! Et Ziggy, allongé sur mon tas de feuille, veillait au grain du coin de l'œil pour que je ne me disperse pas dans mes rêveries, afin que le manuscrit soit rendu en temps et en heure !

Être un chat au travail, c'est, comme nous l'avons vu, d'une part, savoir déléguer ! C'est essentiel ! Que ce soit pour l'organisation du travail et de l'entreprise ou pour la valorisation et l'autonomie de vos collaborateurs. Mais c'est aussi, d'autre part, savoir être présent, surveiller, voir sans être vu, donner l'exemple…

Que vous soyez ou non le boss, l'attitude du chat s'adapte parfaitement au milieu professionnel. Prenons quelques exemples :

- Ne pas se dépenser inutilement, mesurer votre travail et le temps imparti pour l'effectuer, selon « l'importance » de la tâche. *(Le chat : L'araignée là… ? Non, pas trop ! J'attends qu'une souris passe pour me bouger…)*

- Ne pas s'agiter en tous sens pour faire mine d'être surchargé, cela crée un stress inutile pour vos collaborateurs. *(Le chat : Arrête de brasser l'air avec ton aspirateur tu me files le tournis !)*

- Être efficace quand cela est nécessaire, régler les problèmes immédiatement. *(Le chat : Non mais où il se croit le gros rouquin là ! Bouge pas, je vais te donner de l'élan !)*

- Être toujours aux aguets sans se faire remarquer, pour être au courant des dernières actualités de la société. *(Le chat : Je sais que c'est toi qui me chatouilles avec une plume... Approche encore un peu pour voir...)*

- Être réactif si besoin est, savoir donner le coup de collier. *(Le chat : Une invasion de taupe dans le jardin ? OK pour faire les 3/8 ! Je vais t'envoyer ça manu militari !)*

- Savoir prendre régulièrement une pause-café pour s'informer et entretenir le lien social ! ;-) *(Le chat : Le distributeur de croquettes est encore plein ? Non ? Eh ben, fais péter les sardines alors !)*

- Ne pas faire semblant de travailler, cela se voit toujours ! *(Le chat : J'ai fait le tour des check points sur le territoire, la sécurité c'est OK, laisse-moi dormir maintenant !)*

- Ne jamais sembler débordé, c'est souvent une preuve d'inefficacité ! *(Le chat : T'inquiète, je gère ! RRrr…)*

ET SI LE PATRON, C'EST VOUS, COMME LE CHAT, AYEZ TOUJOURS UNE ATTITUDE FERME ET BIENVEILLANTE, ENCOURAGEZ DU REGARD ET SOYEZ PRÉSENT.

PATRON OU PAS, AU TRAVAIL : LE BOSS, C'EST VOUS ! DONNEZ TOUJOURS LE MEILLEUR DE VOUS-MÊME SANS POUR AUTANT BRASSER L'AIR !

« *Vous dites souvent – nous vous entendons – que nous sommes de gros feignants à dormir ainsi toute la journée.*

D'une part, sachez que même si nous dormons quelques heures en début de soirée, nous préférons vivre la nuit, à l'inverse de vous. Vous ne vous en rendez pas compte, puisque vous dormez !

D'autre part, si nous dormons autant la journée, c'est lié à vous, car ces phases de sommeil nous permettent de nous délivrer de toutes les mauvaises ondes, pensées, vibrations que nous avons aspirées en vous pour vous soulager.

Nous ne pouvons pas les garder, nous devons nous aussi nous nettoyer l'esprit et l'âme, notre sommeil sert à cela.

Sachez d'ailleurs que nous pouvons prendre sur nous les mauvaises humeurs de plusieurs membres de votre famille, nous savons vous apaiser un à un, mais notre sommeil récupérateur n'en sera que plus long.

Si vous avez eu la bonne idée de prendre un couple de chat dès leur naissance, ils pourront se partager cette tâche au sein de la famille. Par contre ne nous collez pas un chaton dans les pattes quand on est déjà bien installé, il risque d'y avoir de la casse dans la maison, croyez-moi ! »

ZIGGY

LA JOURNÉE DU CHAT

18 H 30 : HOME SWEET HOME, RETOUR AU BERCAIL !

🐾 Un instant de détente, de câlins, de caresses. La lessive et le répondeur peuvent attendre. Comme le chat, délassez-vous un moment après votre journée de travail. Inutile de vous ruer sur les tâches quotidiennes en souffrance. Prenez une petite demi-heure pour vous poser tranquillement, mettre de la musique, enfiler une tenue d'intérieur pour vous mettre à l'aise.

🐾 Soufflez un moment avant d'entamer avec plaisir votre deuxième partie de journée, personnelle, faite d'envies, de petits plaisirs à cultiver, d'appels téléphoniques à quelques amis à passer...

🐾 À cette heure-là souvent, la seule préoccupation du chat est : « C'est pas bientôt l'heure de la gamelle ? » Son grand plaisir personnel, puisqu'il sait que d'ici quelques instants vous prendrez le temps, contrairement à ce matin, de lui ouvrir un petit sachet de gelée de saumon dont il raffole tant.

🐾 18 h 30, c'est le petit moment de détente pour lui comme pour vous, où la journée bascule entre activité et détente. Le mieux étant de ne pas emmener votre fatigue ou votre stress de la journée, dans votre univers de confort pour la soirée.

LE CHAT EST TENACE

« Le refus des chats de comprendre est délibéré. »
LOUIS NUCÉRA

Têtu, oui, tenace encore plus ! Vous pouvez appeler votre chat autant que vous voulez alors qu'il est tapi dans l'herbe, il ne bougera pas une oreille, ni ne tournera la tête. Il peut rester ainsi des heures à attendre devant l'entrée d'un trou de souris qu'elle surgisse. Patience, ténacité, vous pouvez l'observer des demi-journées entières ainsi, sans qu'il se lasse ni ne laisse tomber. Une vraie leçon de vie professionnelle, personnelle aussi.

Une persévérance qui force le respect jusqu'à ce qu'il atteigne son objectif : attraper la souris. Il ne comptera ni ses heures ni sa fatigue, quand souvent il nous arrive d'abandonner à quelques mètres de l'arrivée… Une attitude à méditer !

La patience du chat pour obtenir ce qu'il désire n'a pour égale que sa ténacité, devant cela, nous ne pouvons que nous incliner.

« On ne lâche rien ! » est sa devise, quand parfois pour nous il ne s'agit que de mots… « CHATPEAU » BAS !

SOYEZ PATIENT ET TENACE
DANS TOUT CE QUE VOUS ENTREPRENEZ,
N'ABANDONNEZ JAMAIS !

LE CHAT EST TOUJOURS PRUDENT

« *Chat échaudé craint l'eau froide !* »
Dicton français

Le chat n'est pas une tête brûlée, et ses mésaventures lui servent toujours de leçon. Il n'approche jamais un endroit nouveau, une voiture, ou un objet dans son environnement, sans l'observer longuement auparavant et prendre d'infinies précautions. Le chat évite de se mettre en danger inutilement. Tout ce qui est nouveau est tout d'abord minutieusement inspecté, senti, analysé.

Être prudent, c'est souvent éviter bien des problèmes, bien des conflits, bien des accidents à l'évidence. Mais pour autant, par manque d'instinct certainement, l'homme de tout temps n'a construit son savoir et son expérience qu'en prenant le tison de bois brûlant à pleine main… pour se rendre compte que ça brûle ! Une mécanique bien étrange à la décrire ainsi. L'homme ne sait rien tant qu'on ne lui a pas appris. Imaginez-vous un chat marcher sur des cendres incandescentes ?

Combien d'entre nous sont tombés malades à la suite de l'ingestion d'une nourriture avariée sans s'en rendre compte ? Et pourtant, combien de fois avez-vous vu votre chat tordre du nez, et ne pas toucher à sa gamelle si elle a un peu séché, ou ne pas manger le bout de jambon que vous lui tendez, sans qu'il l'ait au préalable senti sous toutes les coutures ?

Il est peu de risque pour un chat de s'empoisonner, il utilise ses sens, il est prudent, y compris dans ce qu'il mange.

L'homme est souvent par nature intrépide, donc imprudent, à l'image de l'enfant que l'on doit prévenir de tout, à qui l'on doit tout apprendre, que l'on doit sécuriser de tout danger. En comparaison, qui a appris au chat que le feu brûle, que dans l'eau il peut se noyer, que du gros chien qui aboie il faut éviter de s'approcher ? Qui lui a dit que les gros trucs qui roulent et qui font du bruit sont des voitures qui peuvent l'écraser ? Par instinct, il le sait, il sent le danger, contrairement à l'enfant.

Nous avons perdu beaucoup de nos instincts, beaucoup de nos sens… Même dans nos relations avec les gens. Combien d'entre nous ne se sont pas dit un jour : « J'en étais sûr qu'il allait me faire ce coup-là, depuis le début je ne le sens pas ! »

Vous aviez bien senti. La vérité sur cette personne a donné raison à votre ressenti, et pourtant, avez-vous suivi votre instinct au moment où ce sentiment de rejet s'est imposé à vous ? Non. Nous préférons souvent la « raison » à l'instinct. C'est fort dommage quand, au fil du temps, nous nous rendons compte que jamais notre instinct ne nous trompe, et qu'il nous guide toujours pour le meilleur, pour notre bien-être, vers la prudence.

La première impression ne ment jamais. Pour un peu plus de prudence à l'avenir, essayez de vous reconnecter à vos instincts les plus primaires, écoutez-vous, faites-vous confiance, vous ne le regretterez jamais.

**QUAND IL Y A UN DOUTE,
IL N'Y A PAS DE DOUTE !
SUIVEZ VOTRE INSTINCT !**

LE CHAT A UN ÉNORME BESOIN D'AMOUR

« *Les chats sont des êtres faits pour emmagasiner la caresse.* »
STÉPHANE MALLARMÉ

Nous avons tous besoin de câlins, de gestes d'affection, de tendresse, de caresses, de bisous. Et si beaucoup d'entre nous se trouvent parfois en carence de cet élan d'amour, le chat, lui, n'hésite jamais, quand il en a besoin, à venir vous le réclamer.

Il a besoin de rentrer par moments en fusion avec vous, comme nous-même avons besoin de nous blottir et d'enlacer avec force et tendresse le corps de notre conjoint.

Ce besoin d'amour est souvent lié à un besoin d'amour pour nous-même avant tout. Freud décrit le premier traumatisme de notre vie, comme venant du cordon ombilical que l'on coupe à la naissance. Une liaison d'amour permanente avec la mère, coupée physiquement, à jamais. Un lien d'affection que par la suite nous tentons de reconstruire à travers les autres, en amitié, en amour. Une source d'amour que nous recherchons dans toutes les formes de relations que nous entretenons.

Plus on est en carence d'affection, plus on va la chercher en quantité chez l'autre, la puiser jusqu'à nous remplir, jusqu'à déborder. Comme le chat, une fois repus d'amour, nous nous éloignons physiquement pour un moment de cette source… avant d'y revenir !

La fréquence de nos besoins d'amour dépend aussi de l'amour que nous avons pour nous-même. Il est des personnes très câlines, d'autres plus distantes, nous n'avons pas tous besoin de la même « dose » chaque jour. Mais nous avons tous besoin de cette tendresse, de ces câlins, de ces sentiments.

On l'aspire chez notre conjoint comme chez le chat, comme lui-même l'aspire en nous, quand il enfouit sa tête amoureusement sous notre bras. Il vient alors puiser notre amour comme il nous en donne. Une attitude différente du simple câlin de bien-être, il en bave presque tellement il en a besoin. Et puis, il s'éloigne une fois sa « jauge » de sentiments et d'affection revenue au plus haut.

Nous sommes de même, en demande, en attente, en quête de cet amour tactile et intellectuel nécessaire, vital pour chacun d'entre nous, que ce soit physiquement ou psychologiquement.

Sans amour, comme le chat, comme les fleurs, nous fanons un peu plus jour après jour. Pour cette raison, le cœur de toute existence, depuis la nuit des temps, ne peut se passer de ce moteur : l'amour.

ON A TOUS BESOIN D'AMOUR,
ENCORE FAUT-IL SAVOIR
EN DONNER POUR EN RECEVOIR.
UNE CONDITION INCONTOURNABLE
À NOTRE BONHEUR.
QU'EST-CE QU'UNE VIE
SANS AMOUR ?

LE CHAT EST POSÉ PAR NATURE

*« Il n'y a pas besoin de sculpture
dans une maison où il y a un chat. »*
Wesley Bates

Bouger, bouger sans cesse, s'agiter... C'est le lot de beaucoup d'entre nous, incapables de nous poser un instant, à tel point nous sommes pris dans la spirale du rythme incessant des grandes villes et des tonnes de stress qu'elles déversent et que nous ramenons jusque chez nous.

À peine rentré du travail, vous jetez le manteau sur le canapé et vous vous mettez à virevolter entre piles de linge et pile de factures en souffrance, un balai dans une main et une éponge dans l'autre ?

Votre chat vous observe vous agiter en tous sens à deux cents à l'heure entre la cuisine, le salon et le bureau... Il vous regarde étrangement pensez-vous... Oui, c'est clair, car, d'une part, vous le dérangez et, d'autre part, il se demande à l'instant si vous n'êtes pas atteint d'une grave crise de bêtise affligeante !

Prenez alors la télécommande de votre lecteur DVD et appuyez sur « pause » ! Ce n'est pas une image, faites-le réellement ! Prenez une longue inspiration et respirez calmement. Vous ressentirez à cet instant un profond apaisement, comme si vous veniez de poser vos valises à terre. Un sourire se dessinera sur votre visage, et à travers cette action, et le regard du chat qui ne vous a pas quitté une seconde, vous prendrez conscience de cette frénésie inutile dans laquelle vous avez embrayé directement votre journée de travail à une autre journée de travail ! Toujours satellisé dans les plus hautes sphères de votre nervosité et de votre hyperactivité.

Les missions de rangement, de lessive et de ménage, il faut bien les accomplir me direz-vous, mais on peut aussi s'y atteler au bon moment, sans stress et à la cool !

Si, pourtant, vous poursuivez dans votre grand brassage d'air, vous verrez le chat se lever tranquillement pour trouver un endroit plus calme afin d'entamer sa toilette. Il s'éloignera en faisant presque mine de secouer la tête tout en se disant : « Incorrigible ! Bonjour la pression à peine de retour à la maison ! Je vais squatter le dressing, sur la pile de pull, il devrait me laisser tranquille pour un bon moment ! »

Et se retournant vers vous dans un dernier miaulement, avant de prendre la tangente direction les tas de fringues nickel que vous aurez à nettoyer par la suite, vous pourrez comprendre : « Ah ! Et puis, vu que tu as l'air en crise et qu'il faut que tu te passes les nerfs, n'oublie pas de faire le plein de croquettes et de changer ma litière, parce que ça poque là-dedans ! »

**CESSEZ DE VOUS AGITER
SANS CESSE !
QUELLE DÉPENSE D'ÉNERGIE
INUTILE !
APPRENEZ À VOUS POSER ! ;-)**

À MÉDITER...

« IL SUFFIT DE CROISER
SON REGARD AVEC
CELUI D'UN CHAT POUR MESURER
LA PROFONDEUR
DES ÉNIGMES QUE CHAQUE
PAILLETTE DE SES YEUX
POSE AUX BRAVES HUMAINS
QUE NOUS SOMMES. »

Jacques Laurent

LE CHAT SAIT CE QU'IL VEUT, IL EST DIRECT

« On ne possède pas un chat,
c'est lui qui vous possède. »
Françoise Giroud

Lorsqu'il désire quelque chose, le chat ne passe pas par quatre chemins, et ne vous lâche pas tant qu'il n'est pas arrivé à ses fins. Il est exigeant, il sait ce qu'il veut, et vous ne pourrez pas le gruger avec une nouvelle marque de croquettes s'il n'en est pas friand. Il boudera devant au mieux ou renversera la coupelle, mais vous pourrez ranger le sac dans le placard à tout jamais et revenir à sa marque habituelle ! Il sait ce qu'il veut, et n'en démord pas.

De même, vous ne pourrez jamais l'obliger à rentrer le soir s'il est en pleine balade, et qu'il se trouve très bien, caché dans son massif de fleurs à deux pas de vous !

Excellent chasseur, quand il prend une proie en chasse rien ne le fait dévier de son objectif ! Voilà la grande qualité du chat : têtu, obstiné, il sait ce qu'il veut, toujours, et avec lui, il n'y a rien à négocier.

Combien de fois devons-nous arrondir les angles de nos envies en fonction de… Et puis souvent comme on dit : « Je ne sais pas vraiment ce que je veux, mais au moins je sais ce que je ne veux pas. »

Je n'aime qu'à moitié cette phrase, qui souvent camoufle de réelles envies que l'on dissimule sous le tapis, en croyant ne pas pouvoir y accéder, ne pas en être capable…

« Qu'est-ce que tu veux vraiment ? » est une question que l'on devrait tous se poser avec la plus grande honnêteté régulièrement. Nous avons trop tendance parfois à nous contenter de ce que notre entourage « veut » ou attend de nous, de ce pour quoi nous « croyons » être faits… En oubliant les moteurs et les désirs qui nous animent vraiment.

« Qu'est-ce que tu veux vraiment…? », le chat le sait, et applique ce mode de fonctionnement à chaque instant de sa vie.

Savoir ce que l'on veut est une chose, la deuxième étape consiste à s'en donner les moyens, à demander, à être direct dans ses aspirations.

Comme le dit l'expression populaire, il faut : « Appeler un chat, un chat », ne pas tourner autour du pot, être direct !

Cette manie que nous avons tous plus ou moins développée, à toujours passer par des chemins détournés pour dire ce que nous avons à dire ou demander fermement ce que nous désirons, est épuisante à plus d'un titre.

Faites simple, n'ayez pas peur d'appeler les choses par leur nom, d'aborder les sujets tels qu'ils sont, de dire la vérité telle qu'elle se présente, et d'affirmer sans détour ce que vous désirez ! Soyez direct, vous y gagnerez en énergie et en temps !

Enfin, si le chat sait ce qu'il veut, le revendique indirectement par son attitude (nous avons nous, la chance d'avoir la parole pour demander), il n'en reste pas là : il agit !

**SOYEZ DIRECT, DEMANDEZ.
« JE VEUX, JE PEUX, JE FAIS ! »,
DOIT DEVENIR POUR VOUS,
COMME POUR LE CHAT,
UNE SECONDE NATURE, LES FIÈRES
MOUSTACHES DE VOTRE VIE !**

LE CHAT OSE DEMANDER
(TOUT LE TEMPS !)

« Les chats semblent avoir pour principe
que ça ne peut pas faire de mal de demander
ce qu'on veut. »
JOSEPH WOOD KRUTCH

Comme nous venons de le voir dans le chapitre précédent, une fois les envies clairement identifiées, formulées et exprimées, il arrive que pour agir nous ayons besoin d'un levier, d'un déclencheur, d'un peu d'aide.

Souvent nous n'osons pas demander d'aide dans notre travail, ou si l'on a des soucis dans notre vie personnelle. Pour quelles raisons ? Un peu de honte, un peu de crainte de voir cette aide refusée, quelques réticences à se dévoiler, à demander, avec presque ce sentiment de quémander… Encore plus de honte quand on a de sérieux problèmes d'argent… On ne demande pas d'aide par fierté, orgueil mal placé également.

Le chat, lui, demande, réclame quand il a faim, veut aller se promener ou a envie d'un câlin. Même lorsque vous dormez, il n'a pas de gêne à venir vous réveiller pour répondre à ses envies du moment.

Sur ce sujet également, nous avons tout à gagner à demander de l'aide autour de nous quand on en a besoin. Et le plus étonnant, c'est qu'il y a toujours quelqu'un qui serait ravi de vous aider… si tant est que vous lui ayez demandé.

Combien de fois n'avez-vous pas entendu ces phrases : « Mais il fallait me le dire ! Pourquoi tu ne m'en as pas parlé à ce moment-là ! J'aurais pu t'aider ! »

Demander, c'est parfois aussi simple que cela pour trouver une solution.

Le chat a toujours raison ! Il ose demander.

**OSEZ DEMANDER DE L'AIDE !
CERTAINES PERSONNES SERONT RAVIES
DE VOUS ÉPAULER, CAR AINSI
VOUS LES VALORISEREZ !**

LA JOURNÉE DU CHAT

19 H 30 : L'HEURE DE LA GAMELLE.

🐾 Si le déjeuner de midi a été un peu expédié, en fonction de votre temps de pause, le soir en revanche, vous avez le temps de vous faire plaisir et de vous préparer un petit plat.

🐾 Le chat a obtenu de vous que vous lui serviez son émincé de saumon en gelée, il n'y a pas de raison pour que vous vous contentiez d'une boîte de ravioli vaguement réchauffée au micro-ondes, avec un reste de gruyère râpé séché découvert au fond du frigo, en guise de dîner.

🐾 Cuisiner à deux ou pour deux, c'est toujours plus facile bien entendu, mais si vous êtes seul, essayez tout de même de vous trouver des petits plats qui vous plaisent, juste pour vous, faciles à préparer.

🐾 N'hésitez pas sortir une belle assiette également, car manger à même la boîte de nouilles chinoises... franchement, il y a mieux pour le moral ! Cultivez votre bien-être dans le détail. Et si vous êtes en couple, profitez de ce petit moment de préparation pour prendre un verre de vin, échanger sur votre journée, asticoter l'autre aussi sur le fait qu'il n'a pas assez assaisonné ou qu'il a coupé les pommes de terre dans le mauvais sens, en souriant... Un petit jeu d'échange, de plaisir... Ce n'est plus la corvée de faire la cuisine, mais les bons moments des petits préparatifs, et pour votre soirée, cela fait toute la différence !

LE CHAT EST TOUJOURS HONNÊTE

*« Le chat est d'une honnêteté absolue :
les êtres humains cachent, pour une raison
ou une autre, leurs sentiments.
Les chats, non. »*
Ernest Hemingway

Nous mentons tous un peu, parfois… Et la première personne à qui nous mentons en priorité, c'est à nous. Les petits arrangements avec la vérité que nous faisons par moments ne nous amènent pourtant jamais un grand plaisir, souvent un peu de gêne, on n'est pas très fier de soi en fait…

Le chat ne cache jamais ses états d'âme, ses sentiments, ses envies, il est toujours transparent et cohérent dans son attitude, avec ce qu'il a dans la tête.

« Pourquoi faire autrement ? », se dit-il peut-être. À l'observer, oui, pourquoi agir autrement qu'en étant honnête vis-à-vis des autres, et vis-à-vis de soi-même ? C'est le système de fonctionnement le plus simple finalement !

On n'a pas de jeu à jouer, de posture à tenir, de mensonge à se souvenir pour ne pas se contredire… On n'a pas à tenir la ligne, garder l'attitude ou effectuer les tâches découlant d'une chose dont on s'est vanté, pour rester cohérent avec son entourage, et ne pas passer pour un gros mythomane !

C'est épuisant de mentir ! Et surtout de mentir sans se faire repérer ! D'ailleurs, à plus ou moins long terme, tous les mythomanes finissent par être percés à jour, car plus ils s'enfoncent, plus le jeu des mensonges qui se cumulent devient dur à tenir, tellement tout se ramifie dans l'environnement qu'il a créé, et que tout se complexifie.

Pour en finir avec les petits mensonges et la mythomanie, soyez feignant : dites la vérité ! Comme le chat soyez honnête et transparent, et, comme nous l'avons vu auparavant, vous y gagnerez en charisme, et en crédibilité !

Soyez honnête pour vous, votre image, la confiance que les autres sauront vous porter, votre tranquillité d'esprit et l'estime que vous aurez de vous-même !

**SOYEZ HONNÊTE,
VOUS AVEZ TOUT
À Y GAGNER !**

LE CHAT EST SILENCIEUX ET OBSERVATEUR

*« Si les chats pouvaient parler,
ils ne le voudraient pas. »*
Nan Porter

Dans la nature, le chat sauvage ne miaule pas, en dehors des périodes de reproduction. Il miaule alors d'une voix rauque pour éloigner ses rivaux.

Quand il n'est encore que chaton, il miaule pour s'imposer, se faire entendre, mais les mois avançant, doucement, il se tait.

Le miaulement clair, plutôt aigu du chat à l'âge adulte, n'est lui dédié qu'à l'homme. Il tente de nous parler et, bien entendu, nous ne comprenons rien. Ainsi, la plupart du temps, le chat se tait et retourne à ses pensées, ses observations, son bien-être, sans débat stérile avec un autre chat ou un humain qui ne comprend rien !

Comme le chaton, nous babillons et nous exprimons sans arrêt lorsque nous sommes enfants, pour autant, notre apprentissage du langage avançant, nous parlons de plus en plus avec l'âge, y compris parfois à tort et à travers !

Le chat devient un « vieil adulte » très rapidement, contrairement à nous et, de fait, apprend rapidement à se taire.

Il observe, silencieux, ne manque rien de nos faits et gestes, ni des modifications de son environnement, mais il est rare qu'il émette un commentaire.

Notre propension à nous exprimer sur tout, tout le temps (et, pour être un grand bavard, je sais très bien de quoi je parle !), occulte parfois un élément nécessaire à notre bien-être : apprendre à se taire !

En tant que grand bavard, je le sais : des conneries par moments, on en dit à la pelle ! Il arrive même qu'on aille trop loin, qu'on soit mal compris, qu'on s'exprime sous le coup d'une mauvaise humeur qui déforme le propos… Ce n'est pas ce qu'on voulait dire, mais c'est trop tard, les mots sont sortis sans être passés par aucun filtre…

Apprendre à se taire, c'est contrôler son impulsivité, c'est éviter de dire parfois des bêtises, c'est aussi réfléchir et soupeser sa réflexion en tenant compte de différents éléments… C'est aussi écouter ce que les autres ont à dire et ne pas monopoliser une conversation… C'est ne pas imposer son avis comme une vérité absolue et définitive…

Apprendre à se taire, c'est préserver également un peu de recul, un peu de secret dans nos vies. Être sincère, oui, mais être transparent à tout propos, tout le temps et avec n'importe qui n'est peut-être pas la meilleure démarche pour se protéger des plus médisants.

S'exprimer ne veut pas dire s'étaler et, si l'échange est nécessaire, l'observation et l'écoute sont parfois aussi convaincantes que tous les argumentaires !

APPRENDRE À SE TAIRE, APPRENDRE À NE PLUS ÊTRE À CHAQUE SECONDE LE CENTRE DU MONDE PAR CE BIAIS. ÉCOUTER POUR APPRENDRE ET SAVOIR SE TAIRE POUR MIEUX DIRE PAR MOMENTS.

À MÉDITER...

« L'HOMME EST CIVILISÉ DANS LA MESURE OÙ IL COMPREND LE CHAT. »

George Bernard Shaw

LE CHAT EST UN AMI SINCÈRE

« Si vous êtes digne de son affection,
un chat deviendra votre ami mais jamais
votre esclave. »

Théophile Gautier

S'il vous accepte dans son univers, votre chat deviendra votre ami, fidèle, indéfectible. En conséquence, chaque jour, il prendra soin de vous, viendra aux nouvelles dans de petits miaulements, vous écoutera vous plaindre, saura vous rassurer, vous consoler… Il sera là pour vous, à tout instant.

Et nous, en tant qu'hommes, sommes-nous toujours aussi présents, à l'écoute, avec nos propres amis ? Honnêtement, ne laisse-t-on pas glisser cette relation de temps à autre, quand elle a mis si longtemps à se construire ?

Oui, nous pouvons prendre exemple sur la fidélité, l'abnégation, la tendresse, l'amitié que nous porte notre chat pour l'appliquer presque à la lettre avec nos amis.

Les situations et les changements de vie font que, souvent, nous créons des parenthèses volontaires ou involontaires dans le suivi de la relation avec nos plus proches.

Le cas de la nouvelle rencontre amoureuse est bien connu de tous ! Ce moment où le nouveau couple plein de passions qui se forme en oublie le monde qui l'entoure pour quelques semaines, voire quelques mois… Une situation bien compréhensible et connue de tous, qui revient à la normale au bout d'un moment, quand nous retissons les liens de manière plus soutenue avec nos proches une fois les premières folies passées.

Mais il arrive aussi que, dans cette situation, on décide, consciemment ou non, de changer de vie complètement, qu'on ne revienne pas vers ceux qui depuis des années ont toujours été présents, pour ne se consacrer qu'à sa nouvelle passion… Un égoïsme affiché, qui se traduit pour les proches par un sentiment d'abandon, presque de trahison…

« Depuis qu'elle est en couple, je ne la vois plus… », qui n'a pas entendu ou dit cette phrase avec déception à un moment ou à un autre de sa vie ?

Pour ce qui est de la fidélité en amitié, nous avons beaucoup à apprendre du chat, qui, sans jeu ni calcul, du premier jour au dernier, est là.

Les chats sont capables parfois de plus d'humanité que nous, quand, par moments, nous sommes tentés de nous replier sur nos petites vies, en oubliant tout ce qui a été donné, tout ce qui a été dit.

L'amitié est une relation aussi puissante si ce n'est plus que l'amour, en ce sens qu'elle dure souvent plus longtemps…

La sacrifier au profit d'une petite bouffée d'amour, sous prétexte de rentrer dans les codes d'une société qui, à un certain âge, demande de vous « caser », est déjà en soi un calcul, une manière de « paraître ».

C'est aussi la meilleure manière d'être sûr que, le jour d'une éventuelle rupture, vos amis ne soient plus là pour vous épauler.

ENTRETENEZ VOS LIENS D'AMITIÉ, ILS SONT UN DES PLUS PRÉCIEUX TRÉSORS DE VOTRE VIE, COMME LE CHAT, NE LES SACRIFIEZ JAMAIS.

LE CHAT SE CONCENTRE SUR L'ESSENTIEL

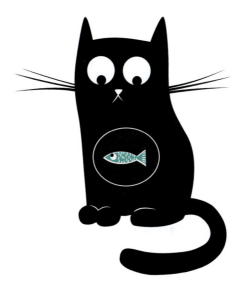

*« J'aime dans le chat cette indifférence
avec laquelle il passe des salons
à ses gouttières natales. »*
CHATEAUBRIAND

À observer mon chat si prompt à soigner sa toilette et son élégance, tout en étant capable de chiner un truc intéressant pour lui dans les pires poubelles, une réflexion étonnante m'est apparue : il n'a que faire du luxe et des biens matériels. Pas plus qu'il ne cultive son image.

J'ai également le souvenir du magnifique chat angora blanc aux yeux verts d'une amie, qui revenait régulièrement de ses promenades sale comme un peigne après s'être roulé dans les caves, avant de se poser sur les coussins du canapé pour faire sa toilette. Il aimait les deux environnements, et n'avait que faire de se promener dans la rue à l'image d'une serpillière au retour de ses escapades !

Savoir se détacher par moments de son environnement, de ses biens matériels, cesser d'y accorder trop d'importance, comme de peaufiner à chaque minute son reflet dans le miroir, est un exemple que nous devrions suivre plus souvent pour retrouver un peu d'humilité, un peu de vérité, et parvenir à discerner à nouveau l'essentiel du superficiel.

Le chat ne cultive ni matérialisme ni statut social, seuls ses plaisirs et ses envies comptent ! Ce que les autres en pensent ? Leur regard, leur jugement ? On a déjà traité le sujet ! Il se les cale derrière l'oreille !

Que se dit-il quand il veut quelque chose ou faire de nouvelles découvertes : « Oui je vais me salir ! Et alors ? Je me laverai après ! Pour l'instant… Il est passé où le gros truc avec une longue queue… Ah ! Par là ! Sous le gros tas plein de poussière ! Go ! »

Jouissez de ce que vous aimez au moment où vous le voulez, sans trop vous préoccuper du reste.

**N'ACCORDEZ PAS TROP
D'IMPORTANCE AUX CHOSES
MATÉRIELLES, CAR VOUS SAVEZ
CE QU'ON DIT :
« CE QUE VOUS POSSÉDEZ FINIT
PAR VOUS POSSÉDER ! »**

LA JOURNÉE DU CHAT

20 H 30 : SOIRÉE DÉTENTE.

🐾 Coussins, canapé, le régal du chat qui vient se détendre après une « rude » journée !

🐾 « Que fait-il encore devant son bureau à tapoter frénétiquement sur son clavier ? », se demande-t-il sûrement. Il vient alors marcher sur les touches, nous mettre sa queue dans le nez, et nous râlons, car il faut « avancer », « boucler » le dossier…

🐾 Le chat est là pour nous rappeler qu'il y a un temps pour tout, pour le travail, pour la famille, pour le conjoint, pour la détente, et pour lui également !

🐾 Il est 20 h 30 et, à son avis, il n'est plus l'heure d'« avancer », mais de « plier » ! Stop !

🐾 Le plus souvent je ne l'ai pas écouté, lorsqu'il se couchait alors à mes côtés sur le bureau après maints allers-retours entre mes genoux et le clavier, tout en se frottant le nez à l'angle de l'écran… Il était 22 heures ou 23 heures, je m'enlisais dans les lignes, sans plus « avancer » vraiment.

🐾 Qui avait encore raison à cet instant ? Une soirée de détente perdue, pour peu de travail efficace, en réalité…

🐾 C'est une règle que je respecte à présent : 21 heures au plus tard je ferme tous les dossiers. Bonne soirée !

LE CHAT RESTE TOUJOURS NATUREL

« À ma connaissance, le chat demeure
le seul animal dont toutes les émotions
se lisent au travers de l'orientation des oreilles,
pupilles et battements de queue. »
A<small>NNE</small> C<small>ALIFE</small>

Pas de fausse séduction, pas de jeu de rôle, pas de style emprunté, le chat n'enfile jamais un costume ou une attitude spécifique pour vous approcher. Quoi qu'il désire, quoi qu'il demande, il le fera toujours dans le respect de sa personnalité.

Il est honnête comme nous l'avons vu, parce que c'est plus simple ! Alors pourquoi endosserait-il une posture pour se prendre pour autre chose que ce qu'il est ? À quoi cela lui servirait-il ?

Et quand nous le faisons, souvent par manque de confiance en nous, à quoi cela nous sert-il ? À rien. Nous nous mentons à nous-même à nouveau, nous mentons aux autres. Et le pire, c'est que nous sommes persuadés que ce déguisement que nous venons d'enfiler, pour faire face à une situation ou à certains types de personnes, sera plus crédible que ce que nous sommes au plus profond de nous. Quelle bêtise !

Comment un décor de cinéma en carton-pâte peut-il remplacer la majesté d'une montagne réelle ou d'un océan déchaîné ?

Au-delà du mensonge que nous élaborons, par crainte de ne pas être à la hauteur, c'est à coup sûr le meilleur moyen d'être transparent, sans charme ni charisme !

Notre naturel n'est pas en plastique, il irradie tout ce que nous sommes, il nous rend beau, attractif, crédible aux yeux des autres !

Il est le gage de ce que nous sommes sans détour ni faux-semblant. Savoir rester naturel en toute situation et assumer qui l'on est reste le meilleur moyen d'être apprécié comme d'en mettre plein la vue ! Ne vous sous-estimez jamais !

EN TOUTES CIRCONSTANCES : RESTEZ NATUREL !

LE CHAT EST HUMBLE ET INDULGENT

« Le chat n'est pas tenu de vivre
selon les lois du lion. »
Spinoza

Nous avons tous tendance à placer parfois la barre un peu haut, à être dur envers nous-même, à la limite par moments de l'autoflagellation !

Être ambitieux, oui, donner le meilleur de soi-même, oui, mais savoir être indulgent vis-à-vis de soi en cas de défaite est tout aussi important.

Si vous avez été honnête et que vous avez donné votre maximum dans un travail, un projet, personne ne vous a demandé pour autant d'exceller en tout, à tout instant, au point de vous en rendre malade !

Quel rapport avec ce que nous apprend le chat ? Tout est résumé dans cette citation de Spinoza. Le chat, même s'il est un félin au même titre que le lion, ne se poignarde pas le derrière à longueur de journée, à ne pas être aussi fort et aussi rapide que le lion ! Il n'est pas et ne sera jamais le roi de la jungle ! Il n'est peut-être même pas le patron parmi les autres chats du quartier ! Et alors ? Est-ce que ça l'empêche de vivre pleinement ? D'être heureux ? Passe-t-il son temps à vouloir atteindre une place ou acquérir un statut qu'il sait ne jamais pouvoir atteindre ? S'en veut-il pour autant ?

Un peu d'humilité, un peu d'acceptation, ce qui n'empêche pas d'être fier de ce que nous sommes et de ce que nous faisons ! Faut-il s'arrêter de chanter quand on n'est pas Freddie Mercury ? Faut-il s'arrêter de peindre quand on n'est pas Cézanne ? Est-on moins bon pour autant ? Ou juste différent ?

Faire au mieux avec ce que l'on a et continuer à progresser, car même si le chat sait qu'il ne sera jamais un lion, ça ne l'empêche pas de bondir, de courir, de chasser et d'être, à défaut du roi de la jungle, le roi de votre canapé !

**SOYEZ HUMBLE
DANS CE QUE VOUS FAITES,
SOYEZ INDULGENT
AVEC VOUS-MÊME,
MAIS FAITES !**

SECRET DE CHAT

« Si certains d'entre vous aiment dormir avec nous, souvent, au moment d'aller au lit, on se retrouve à la porte de la chambre ! C'est vrai que lorsqu'on est jeune, on brasse un peu et vu qu'on ne dort pas beaucoup la nuit, on a envie de jouer dans le lit. Mais bon, au bout de quelques années, on se calme, alors ouvrez-nous la porte, on somnolera tranquillement à vos pieds.

Car si nous venons dans votre lit, au-delà des oreillers et de la couette tiède, c'est également pour vous protéger…

Qui veille la nuit pour que les mauvais esprits ne viennent vous perturber pendant votre sommeil ?

Qui monte la garde dans l'obscurité, assis sur le rebord de la fenêtre du salon pour qu'aucun esprit malveillant n'entre dans la maison ?

C'est aussi cela notre mission… Nous dormons avec vous pour mieux vous protéger… Vous pouvez me croire ou non, même si cela peut vous paraître mystique, mais… pensez-y ! »

ZIGGY

LE CHAT SAIT S'AMUSER DE TOUT !

*« Quand je joue avec mon chat,
qui sait s'il ne s'amuse pas plus de moi
que je le fais de lui ? »*
MICHEL DE MONTAIGNE

On se demande parfois si la vie est sérieuse quand on l'apprend à ses dépens. Alors, pour pallier ses aspects parfois ombrageux ou pour simplement choisir d'approcher une situation sous un autre angle (le verre à moitié plein ou à moitié vide ?), il faut savoir s'amuser.

Savoir s'amuser est une condition essentielle au bonheur. Les personnes trop sérieuses, figées dans des considérations lunaires dont elles ne redescendent jamais, se retrouvent parfois incapables de savoir jouer, s'amuser, rire ; elles sont comme presque handicapées du sourire.

Jouer est une des principales occupations du chat, et la chasse est pour lui une partie du jeu, parfois cruelle quand on le voit jongler avec un mulot pendant des heures, le laisser s'échapper de quelques centimètres puis le plaquer au sol à nouveau... C'est le jeu de la nature, et nous, humains, avons tout de même su inventer des milliers d'autres moyens de rire et de nous amuser !

Savoir rire, rire de tout surtout, savoir ne pas se prendre au sérieux, savoir redescendre de sa sphère, de son piédestal social quand parfois on entend : « Tu comprends, dans la position où je suis, je ne peux pas me le permettre... »

Image sociale, image de soi, faux-semblants cultivés, « paraître » comme nous l'avons vu plus avant… Tout ce qui empêche au final de s'amuser, de rire, ce propre de l'homme que parfois l'on cultive à devoir l'oublier !

**AMUSEZ-VOUS !
DE TOUT !
DE VOUS !
TOUT LE TEMPS !**

LA JOURNÉE DU CHAT

23 H 00 : AU PAYS DES RÊVES.

🐾 La journée fut longue, fatigante peut-être, il est l'heure d'aller compter les souris... Quoi de mieux que sa bonne grosse couette douillette pour adoucir toutes ses douleurs mentales ou physiques... Mais, le chat arrive... Pour dormir avec vous !

🐾 Comme nous l'avons vu dans « Secret de chat », tenez-en compte, ce n'est peut-être pas pour rien qu'il veut venir se blottir contre vous ou dormir sur votre ventre.

🐾 Avez-vous entendu parler de la ronronthérapie ? Ou des bienfaits du chat qui, par instinct, vient se poser sur vos organes fatigués ou malades ? De nombreuses études voient le jour régulièrement sur les talents de guérison du chat. Pourquoi ne pas en profiter en dormant avec lui ? Lui ne rêve que de cela !

🐾 Et puis, une fois endormi, vous le retrouvez au petit matin souvent plus loin dans le lit, pour sa tranquillité, juste pour dormir près de vous, à vos pieds...

🐾 Finalement, même si nous avons beaucoup à apprendre du chat, on peut dire que sur un point nous nous ressemblons totalement, quand, comme dit ce proverbe libanais, que nous soyons un homme ou une femme : « Les rêves d'un chat sont peuplés de souris » !

🐾 Bonne nuit !

LE CHAT EST BEAU…
ET IL LE SAIT !

« *Il est des beautés qui excèdent le vocabulaire.
Les chats appartiennent à cet ordre.* »
Louis Nucéra

Les chats sont beaux, tous, c'est d'ailleurs assez étonnant ! Il est très rare de croiser un chat laid, à part s'il ne reçoit aucun soin, qu'il est vieux et malade. Mais par définition, il est beau de sa naissance à sa mort, et ne subit que très peu les outrages du temps. Un chat ride-t-il ? Un chat perd-il ses cheveux ? Pourquoi les humains dégénèrent-ils à ce point physiquement ?

Sommes-nous si « supérieurs » sur ce point ?

Le chat est beau, pour autant, ça n'a aucune importance. Mais cette attitude confiante qu'il arbore à tout instant est peut-être en partie conditionnée par ce fait : il est beau et peut-être en a-t-il conscience.

Il se peut qu'il n'ait aucune notion de beauté vis-à-vis de lui-même, pour autant sa vie doit en être grandement soulagée !

Mais pour nous, faibles humains, la beauté est un élément incontournable de notre bonheur, de notre confiance en nous, que l'on ne peut éluder par un simple : « Ce qui compte, c'est la beauté intérieure ! » C'est faux, insuffisant, et chacun le sait.

Mais la nature est ainsi faite que nous ne sommes pas tous égaux devant cette beauté, cette grâce naturelle avec laquelle certains naissent. Malgré tout, entre être un canon de beauté, digne de servir de mètre étalon, et faire l'objet d'une vision repoussante, il y a une marge !

Une marge que chacun doit s'employer de moduler pour se sentir au mieux dans son corps, une marge à travailler dans son attitude, dans ses vêtements. L'objectif n'étant pas de « paraître » comme il se doit dans le regard des autres, comme nous l'évoquions, mais de vous sentir bien dans votre être, bien dans votre tête, bien dans vos pompes !

Il n'est qu'une règle de beauté à suivre finalement, qu'un seul juge, impartial (à part s'il juge selon des codes qui ne sont pas les siens) : VOUS ! Vous dans votre miroir ! C'est tout !

Si vous vous trouvez beau, belle, dans votre miroir, sincèrement, vis-à-vis de vous-même, votre charisme, votre aura et par conséquent votre pouvoir de séduction n'en seront que décuplés !

Se sentir beau, belle, c'est important, primordial même ! Mais pas en suivant n'importe quels critères ! Vouloir ressembler à une couverture de magazine, au-delà de suivre des codes (d'échalas anorexiques, beurk !), c'est avant tout ne pas vouloir se ressembler à soi-même, et surtout, ne pas s'accepter, ne pas s'aimer… Qui alors, dans cette mascarade de faux-semblants pourra vous aimer ?

**ON EST BEAU DE CE QUE L'ON EST,
DE CE QUE L'ON PEUT AMÉLIORER,
PAS DE CE QUI EST CONVENU, AFFICHÉ.
LE CHARME… EN VOILÀ LA CLEF.**

LE CHAT EST À L'AISE EN TOUTE SITUATION

*« Le chat se contente d'être,
c'est le verbe qui lui va le mieux. »*
Louis Nucéra

On peut dire qu'au cours de notre vie les situations où nous pouvons nous sentir mal à l'aise ne manquent pas. Même si, avec le temps, la confiance en soi grandit et permet de surmonter plus facilement ces situations délicates.

Ne pas se sentir à l'aise, c'est souvent ne pas se sentir à la hauteur, mais vis-à-vis de qui ? De quoi ? Des autres bien entendu, de l'image que nous arborons aussi !

Avez-vous déjà vu un chat se sentir mal à l'aise ? Jamais ! C'est même une sensation tellement humaine qu'on a rarement pensé à l'attribuer à un chat.

Non, jamais un chat ne se sentira mal à l'aise au sens où nous l'entendons, car comme nous l'avons vu, dans différents points de cet ouvrage, il n'a pas d'image à défendre : IL EST. Donc, par conséquent, il est transparent dans son attitude, et aucun petit mensonge sur sa personnalité ou ses capacités ne peut le remettre en cause, ce qui déclenche ce fameux malaise dans certaines situations.

C'est avant tout ce que nous avons nous-même construit un peu artificiellement, qui est à la source de ce sentiment d'être mal à l'aise parfois.

Risque-t-on à cet instant là d'être « découvert » ? De ne pas être à la hauteur de ce que l'on a raconté, revendiqué, et qui fait partie de l'image qu'ont les autres de nous ?

On se sent mal à l'aise quand on se retrouve au pied du mur, entre ce que l'on a dit et ce que l'on fait ou ce que l'on est. Et plus les mensonges sont grands, plus le grand écart à faire entre les deux s'étend, et plus le sentiment de malaise grandit. C'est vous dire l'état psychologique dans lequel se retrouvent les grands mythomanes qui nous entourent, quand nous finissons par les percer à jour !

On se sent mal à l'aise également quand on ne se sent pas à la hauteur. Cela relève plus de la confiance en soi, mais comme nous l'avons vu, être sûr, croire en soi, se cultive quand ce n'est pas naturel. Et le chat est là pour vous guider, vous aider tout au long de cet apprentissage.

Pour être à l'aise en toute situation, faut-il encore savoir être honnête avec soi-même autant qu'avec les autres, ne pas trop s'attacher à l'image que l'on transporte auprès d'eux, puisqu'elle ne peut être que positive lorsque l'on suit les règles du chat !

**TOUJOURS À L'AISE ?
PAS TOUJOURS FACILE !
MAIS QUELLE VICTOIRE
DE CHAT !**

LE CHAT FAIT PREUVE D'EMPATHIE

« La seule personne qui me comprenne, sur cette terre, c'est mon chat. »
Diane Gontier

Ceux qui ont un chat le savent : il ne refusera jamais de vous prêter l'oreille. Sommes-nous capables d'un tel altruisme ? D'une telle écoute ? D'une telle empathie envers les autres, comme lui, quand il nous regarde ?

Nous sommes bien petits à côté de lui en ce domaine, il faut bien l'admettre. Quand, même avec la plus meilleure volonté du monde, il nous est parfois difficile d'écouter sincèrement les problèmes d'un autre, tant les nôtres nous submergent déjà, tant il nous est difficile de nous mettre à sa place.

Le chat a cette force en lui, cette bienveillance à notre égard, ce ressenti de notre malaise même quand on ne lui parle pas, à adopter des attitudes protectrices et apaisantes vis-à-vis de nous…

Plus encore que l'écoute silencieuse d'un psy, le chat paraît comprendre nos problèmes, en nous répétant à travers son regard cette phrase : « Cela aussi passera… », tout en étant capable de combler nos vides affectifs.

L'empathie, l'écoute, voilà bien un domaine pour lequel nous avons tout à apprendre de lui, quand souvent, nous nous recroquevillons sur notre petit nombril, à n'avoir que peu de main à tendre, que peu d'oreille à offrir.

Quand nous écoutons, nous donnons autant que nous recevons, parfois sans que nous nous en rendions compte.

**ENCORE FAUT-IL SAVOIR
ÉCOUTER POUR ÊTRE ÉCOUTÉ,
ET SAVOIR DONNER POUR
À SON TOUR RECEVOIR.**

À MÉDITER...

LE CHAT OUVRIT LES YEUX,
LE SOLEIL Y ENTRA.
LE CHAT FERMA LES YEUX,
LE SOLEIL Y RESTA.
VOILÀ POURQUOI LE SOIR,
QUAND LE CHAT SE RÉVEILLE,
J'APERÇOIS DANS LE NOIR
DEUX MORCEAUX DE SOLEIL.

Maurice Carême

ALORS : CHAT OU PACHA ?

Vivre comme un chat !

La plupart des personnes vivant avec des chats envient leur mode de fonctionnement, leur propension au bonheur, et rêvent souvent de mettre en œuvre leurs comportements, leur philosophie de vie, dans leur propre quotidien.

Pouvoir adopter sa démarche, et cultiver uniquement ce qui peut nous apporter, comme à lui, sérénité, bien-être, plaisir et jeu, et savoir évacuer de sa vie tout ce qui pèse, sans s'encombrer de plus de questions… Un rêve en somme…

Un rêve à la portée de tous, si nous prenons le temps d'adopter certains de ses comportements dans notre estime de nous-même, dans notre rapport aux autres, dans notre capacité à discerner l'essentiel du futile.

Le chat possède un savoir inné pour profiter pleinement de la vie, un savoir dont nous avons beaucoup à apprendre. Un savoir pour lequel il n'est pas de leçon à aller puiser dans des traités de philosophie, une connaissance qu'il nous offre dans sa simple manière d'être.

S'en inspirer chaque jour, que ce soit pour gérer ses relations, canaliser son stress, savoir lâcher prise comme reprendre confiance en soi… Autant de thèmes que nous avons abordés dans ces 40 principales facultés du chat.

Autant de clefs pour nous-même reprendre possession d'une vie qui par moments nous échappe.

Si vous n'avez pas de chat, peut-être avez-vous été surpris de retrouver autant de capacités, de forces, de sagesse et de facilités à vivre au quotidien dans cette boule de poil. Peut-être aurez-vous alors envie d'en trouver un pour compagnon de vie… Je vous le souhaite, car jamais vous ne regretterez le lien et l'échange qui se construira alors entre vous.

Et dorénavant, faites comme lui, construisez votre vie comme une quête du bien-être et du plaisir !

Alors : chat ou pacha ?

« Les deux mon général ! », répond le chat.

À MÉDITER...

« EN REGARDANT CE CHAT SI INTELLIGENT, JE SONGE À NOUVEAU AVEC TRISTESSE AUX ÉTROITES LIMITES DE NOS CONNAISSANCES. QUI PEUT DIRE JUSQU'OÙ VONT LES FACULTÉS INTELLECTUELLES DE CES BÊTES ? »

Ernst Theodor Amadeus Hoffmann

LE CHAT A TOUJOURS LE DERNIER MOT !

SECRET DE CHAT

« Pas bien malin par moments mon maître, un vrai boulet même parfois ! Chat me fatigue ! Mais je l'aime bien, plus de douze ans de vie commune, c'est pas encore gagné, mais il a fait des progrès !

J'espère que les clefs de vie qu'il vous a fait partager sauront vous aider à vivre mieux dans votre quotidien, à être heureux surtout !

Il est d'autres secrets que j'aurais aimé lui transmettre afin qu'il serve de relais auprès de vous, mais il a encore parfois l'œil qui s'égare et l'oreille qui n'entend pas tout.

Pourtant, tout est là, devant nous, devant vous. La différence entre vous et nous, chats, c'est que nous voyons tout.

Depuis les temps anciens de l'Égypte, et même auparavant, à nos jours, nous avons accompagné la vie de l'homme pour l'aider, jusqu'à être vénérés pour notre sagesse, aujourd'hui un peu oubliée.

J'espère que cet ouvrage saura vous aider, pour que votre vue s'éclaircisse un peu plus chaque jour.

Je vous souhaite, chers humains, le meilleur et un plus dans votre vie auprès de nous. »

ZIGGY

TEST

ÉVALUEZ VOTRE QUOTIENT CHAT (QC)

Pour chaque question, entourez (honnêtement !)
le niveau auquel vous pensez vous trouver.
(De 1 le plus bas, à 5 le plus haut)

❶. Jusqu'à quel point vous sentez-vous libre globalement dans votre vie ?
QC : 1 2 3 4 5

❷. Pensez-vous que vous avez beaucoup de charisme ?
QC : 1 2 3 4 5

❸. Êtes-vous plutôt calme ? (Ou souvent sur les nerfs ?)
QC : 1 2 3 4 5

❹. Savez-vous vous affirmer avec vos proches, en société ?
QC : 1 2 3 4 5

❺. Vous considérez-vous comme quelqu'un de sage, qui sait prendre du recul ?
QC : 1 2 3 4 5

❻. Savez-vous penser à vous ? Prendre soin de vous ?
QC : 1 2 3 4 5

❼. Vous acceptez-vous tel que vous êtes, avec vos qualités et vos défauts ? D'une manière générale, vous aimez-vous ?
QC : 1 2 3 4 5

❽. Estimez-vous que vous êtes quelqu'un de plutôt fier, avec une haute estime de vous ?
QC : 1   2   3   4   5

❾. Pensez-vous que vous êtes souvent au centre de l'attention ?
QC : 1   2   3   4   5

❿. Jusqu'à quel point êtes-vous insensible au jugement des autres ?
QC : 1   2   3   4   5

⓫. Êtes-vous quelqu'un de curieux ?
QC : 1   2   3   4   5

⓬. Êtes-vous une personne indépendante ?
QC : 1   2   3   4   5

⓭. Avez-vous confiance en vous ?
QC : 1   2   3   4   5

⓮. Savez-vous déléguer ?
QC : 1   2   3   4   5

⓯. Savez-vous prendre le temps de vivre et profiter pleinement de la vie ?
QC : 1   2   3   4   5

⓰. Vous adaptez-vous facilement aux changements ?
QC : 1   2   3   4   5

❶⓻. Recherchez-vous souvent le calme ?
QC : 1 2 3 4 5

❶⓼. Diriez-vous que, majoritairement, vous avez choisi votre entourage ? (Ou qu'on vous l'a imposé ou qu'il s'est imposé ?)
QC : 1 2 3 4 5

❶⓽. Savez-vous vous reposer ?
(Ou est-ce pour vous une perte de temps ?)
QC : 1 2 3 4 5

❷⓪. Savez-vous dire NON ?
QC : 1 2 3 4 5

❷❶. Évitez-vous régulièrement les conflits ?
QC : 1 2 3 4 5

❷❷. Êtes-vous attaché à votre lieu de vie ?
QC : 1 2 3 4 5

❷❸. Accordez-vous totalement votre confiance à votre entourage ?
QC : 1 2 3 4 5

❷❹. Avez-vous une âme de dirigeant ?
QC : 1 2 3 4 5

❷❺. Êtes-vous quelqu'un de tenace ? De têtu ? D'obstiné ?
QC : 1 2 3 4 5

26. Êtes-vous généralement une personne prudente ?
QC : 1   2   3   4   5

27. À quel niveau estimez-vous votre besoin d'amour permanent ?
QC : 1   2   3   4   5

28. Vous considérez-vous comme une personne posée ?
QC : 1   2   3   4   5

29. La plupart du temps, êtes-vous certain de ce que vous voulez dans la vie ?
QC : 1   2   3   4   5

30. Osez-vous régulièrement demander de l'aide aux autres ?
QC : 1   2   3   4   5

31. Vous considérez-vous généralement comme quelqu'un d'honnête ?
QC : 1   2   3   4   5

32. Avez-vous tendance à observer et à vous taire ?
QC : 1   2   3   4   5

33. Êtes-vous fidèle en amitié, dans vos relations ?
QC : 1   2   3   4   5

❹. Êtes-vous complètement détaché de votre image ? De vos biens matériels ?
QC : 1 2 3 4 5

❺. Vous considérez-vous comme quelqu'un de spontanée, de naturel ?
QC : 1 2 3 4 5

❻. Faites-vous preuve d'humilité ?
QC : 1 2 3 4 5

❼. Avez-vous tendance à vous amuser d'un rien ?
QC : 1 2 3 4 5

❽. Quand vous vous regardez dans votre miroir, vous trouvez-vous beau ? Belle ?
QC : 1 2 3 4 5

❾. Êtes-vous à l'aise dans toutes les situations ?
QC : 1 2 3 4 5

❿. Êtes-vous capable d'écoute ? De vous mettre à la place des autres ?
QC : 1 2 3 4 5

Comptez vos réponses :
Nombre de réponses 1 et 2 :
Nombre de réponses 3 :
Nombre de réponses 4 et 5 :

RÉSULTATS DU TEST DE QUOTIENT CHAT

Penser et agir comme un chat, un Saint-Graal pour vivre heureux ! Mais cela peut demander un peu de travail pour certains.

Reprenez vos résultats du test de Quotient Chat :

• Si vous avez une majorité de réponses 1 et 2 : Adoptez d'urgence un chat ! Suivez-le pas à pas, car il a beaucoup à vous apprendre de ses attitudes, de sa philosophie de la vie, afin de vous aider à mieux vivre.

- Si vous avez une majorité de réponses 3 : Vous êtes un chaton, il y a encore du travail, mais vous êtes sur la bonne voie !

- Si vous avez une majorité de réponses 4 et 5 : Félicitations ! Vous êtes un chat !

Reprenez à présent une à une les questions de ce test, et considérez que toutes celles pour lesquelles vous avez répondu en dessous de la note 4, méritent peut-être que vous vous penchiez dessus, pour éventuellement corriger certains de vos penchants, de vos manques, avec l'aide du chat !

Autant de capacités, de talents que de facultés qu'il possède naturellement, que nous avons abordé tout au long de cet ouvrage, et qu'il ne vous reste plus qu'à intégrer tranquillement dans votre vie pour vivre sereinement !

À MÉDITER…

« PUISQUE NOUS NE SOMMES DOTÉS QUE D'UNE VIE POURQUOI NE PAS LA PASSER AVEC UN CHAT ? »

Robert Stearns

TABLE

PRÉFACE 7
NOS AMIS LES CHATS 11
LE CHAT EST LIBRE 13
PAS À PAS : LA JOURNÉE DU CHAT 16
LE CHAT EST CHARISMATIQUE 17
LE CHAT EST CALME (LA PLUPART DU TEMPS) 21
LE CHAT SAIT S'IMPOSER 25
LE CHAT EST UN VIEUX SAGE 29
LE CHAT PENSE À LUI AVANT TOUT 33
PAS À PAS : LA JOURNÉE DU CHAT 36
LE CHAT S'ACCEPTE TEL QU'IL EST, LE CHAT S'AIME 37
LE CHAT SAIT SE PAVANER, IL EST FIER 41
LE CHAT EST AU CENTRE DE TOUTES
LES ATTENTIONS 45
LE CHAT EST HERMÉTIQUE AU JUGEMENT 49
LE CHAT EST CURIEUX PAR NATURE 53
PAS À PAS : LA JOURNÉE DU CHAT 56

LE CHAT EST IN-DÉ-PEN-DANT	**57**
SECRET DE CHAT	**62**
LE CHAT A CONFIANCE EN LUI	**63**
LE CHAT SAIT DÉLÉGUER	**67**
PAS À PAS : LA JOURNÉE DU CHAT	**72**
LE CHAT SAIT PRENDRE LE TEMPS DE VIVRE	**73**
LE CHAT S'ADAPTE À TOUT RAPIDEMENT	**77**
LE CHAT AIME LE CALME	**85**
LE CHAT CHOISIT SON ENTOURAGE	**89**
PAS À PAS : LA JOURNÉE DU CHAT	**92**
LE CHAT SAIT SE REPOSER, IL AIME DORMIR	**93**
LE CHAT SAIT DIRE NON (ET IL NE S'EN PRIVE PAS !)	**97**
LE CHAT SAIT ÉVITER LES CONFLITS (AUTANT QUE POSSIBLE)	**101**
LE CHAT ADORE SA MAISON, IL MARQUE SON TERRITOIRE	**105**
PAS À PAS : LA JOURNÉE DU CHAT	**109**
LE CHAT ACCORDE SA CONFIANCE	**111**
LE CHAT EST UN PATRON-NÉ	**115**
SECRET DE CHAT	**119**
PAS À PAS : LA JOURNÉE DU CHAT	**120**
LE CHAT EST TENACE	**121**
LE CHAT EST TOUJOURS PRUDENT	**123**
LE CHAT A UN ÉNORME BESOIN D'AMOUR	**127**
LE CHAT EST POSÉ PAR NATURE	**131**

LE CHAT SAIT CE QU'IL VEUT, IL EST DIRECT...... **137**
LE CHAT OSE DEMANDER (TOUT LE TEMPS !) **141**
PAS À PAS : LA JOURNÉE DU CHAT................ **144**
LE CHAT EST TOUJOURS HONNÊTE..................... **145**
LE CHAT EST SILENCIEUX ET OBSERVATEUR....... **149**
LE CHAT EST UN AMI SINCÈRE............................ **155**
LE CHAT SE CONCENTRE SUR L'ESSENTIEL **159**
PAS À PAS : LA JOURNÉE DU CHAT................ **162**
LE CHAT RESTE TOUJOURS NATUREL **163**
LE CHAT EST HUMBLE ET INDULGENT **167**
SECRET DE CHAT... **170**
LE CHAT SAIT S'AMUSER DE TOUT ! **171**
PAS À PAS : LA JOURNÉE DU CHAT................ **174**
LE CHAT EST BEAU… ET IL LE SAIT !................... **175**
LE CHAT EST À L'AISE EN TOUTE SITUATION **179**
LE CHAT FAIT PREUVE D'EMPATHIE **183**
ALORS : CHAT OU PACHA ? **187**
LE CHAT A TOUJOURS LE DERNIER MOT ! **191**
SECRET DE CHAT... **192**
TEST : ÉVALUEZ À PRÉSENT VOTRE QUOTIENT
CHAT (QC) **193**
RÉSULTATS DU TEST DE QUOTIENT CHAT **201**

Imprimé en Europe
ISBN : 978 2 36075 537 0
Dépôt légal : Novembre 2011